Шимон Гарбер

Гомо Сапиенс

Книга первая

Сборник эссе

Суеверие; Вера;
Религия; Политика

Newcomers Authors Publishing Group

2020

Шимон Гарбер

Гомо Сапиенс.

Суеверие; Вера; Религия; Политика.
Сборник эссе

Newcomers Authors Publishing Group,

ISBN: 978-1-950-430116 (книга 1)
ISBN: 978-1-950430-130 ГС 2 PC Russ
ISBN: 978-1-950430-147 ГС 2 HC Russ
ISBN: 978-1-950430-154 ГС 2 eBook Russ
ISBN: 978-1-950430-16-1 ГС 2 audiobook Russ

Редакторы русского текста: Анна Пелан
Корректор: Издательство ЭРА
Компьютерный дизайн: В. Белинкер
Издатель: Newcomers Authors Publishing Group

All rights reserved
©Shimon Garber
TX 8-821-907

2020

Гомо Сапиенс

Гомо Сапиенс

Страница автора:

URL https://www.amazon.com/author/shimongarber

Bibliography of Shimon Garber

Fiction works by Shimon Garber:

- Immigrants vol I Capital of Immigrants; English; HC 978-1732261150
- Immigrants vol I Capital of Immigrants; Russian; PC; 978-1732261167
- Immigrants vol I Capital of Immigrants; English; eBook 978-1732823259
- Иммигранты том 1 Столица иммигрантов; Русский; eBook 978-1950430017
- Immigrants vol II New Americans; Russian; PC 978-1732261174
- Иммигранты том 2; Новые Американцы; Русский; eBook 978-1950430000
- Immigrants vol III People and Destinies; Russian; PC 978-1732261181
- Иммигранты том 3; Люди и Судьбы; Русский; eBook 978-1950-430024

Гомо Сапиенс

Short stories:

○ Adam Travels vol I 30 Years After;
English; HC 978-1732823211

○ Adam Travels vol I 30 Years After;
Russian; PC 978-1732261198

○ Adam Travels vol I 30 Years After;
English; eBook 978-1732823266

○ Путешествия Адама 1 30 лет спустя;
Русский; eBook 978-1950430031

○ Adam Travels vol II from Nice to Chicago;
Russian; PC 978- 1732823204

○ Путешествия Адама 2 от Ниццы до Чикаго;
Русский; eBook 978- 1950430048

○ Adam Travels vol III from Italy to Germany;
Russian; PC 978-1732823235

○ Путешествия Адама том 3; От Италии до Германии;
Русский; eBook 978-1950430055

○ Land of the Covenant; Born to be Migrants;
English HC 978- 1732261105

○ Land of the Covenant; Born to be Migrants;
English PC 978- 1732823242

○ Land of the Covenant; Born to be Migrants;
English eBook 978- 1732261112

○ Земля Обетованная; Рождены быть Мигрантами;
Русский; PC 978-1732823280

Гомо Сапиенс

○ Земля Обетованная; Рождены быть Мигрантами; Русский eBook 978-1732823273

○ From Chef; Culinary Stories; English; HC 978-1732261136

○ From Chef; Culinary Stories; English; eBook 978-1732261143 From Chef;

○ Culinary Stories; English; PC 978-1732823228

○ От Шеф-Повара; Кулинарные Истории; Русский; PC 978- 1732261129

○ От Шеф-Повара; Кулинарные Истории; Русский; eBook 978- 1732823297

○ Homo Sapience; Essays Collection; English; HC 978-1950-430062

○ Homo Sapience; Essay Collection; English; PC 978-1950-430109

○ Homo Sapience; Essay Collection; English; eBook 978-1950-430086

○ Гомо Сапиенсе; Сборник Эссе; Русский; PC 978-1950-430079

○ Гомо Сапиенсе; Сборник Эссе; Русский; eBook 978- 1950-430093

*HC – Hard Cover

*PC – Paper Cover

*eBook- epub format

Гомо Сапиенс

Оглавление

Книга I 9
Благодарность... 10
Аннотация.. 11
Кто мы... 13
Как всё начиналось... 17
Гомосапиенс.. 19
Наши предки... 21
Тотем... 25
Религия.. 29
Первые цивилизации.. 31
Социальное общество шумеров.......................... 35
Новая религия... 37
Персы.. 43
Монотеизм.. 45
Восстание Маккавеев.. 35
Христианство.. 49
Ислам.. 57
Религия и ее роль в истории цивилизации........... 59
Позднее Средневековье (XIII-XV века) – открытие Америки.. 63
Открытие Америки... 65
Демократия.. 69
XX век.. 73
Социал-демократические движения в XIX-XX вв... 74
Европа после Второй мировой войны.................. 81
EU — Европейский Союз................................... 83
США и радикальные демократы.......................... 85
Знакомьтесь: Хиллари Клинтон.......................... 97
Политика встречается с идеологией.................... 107
Новая-старая религия — демократия.................. 111

Гомо Сапиенс

Гомо Сапиенс

Книга I

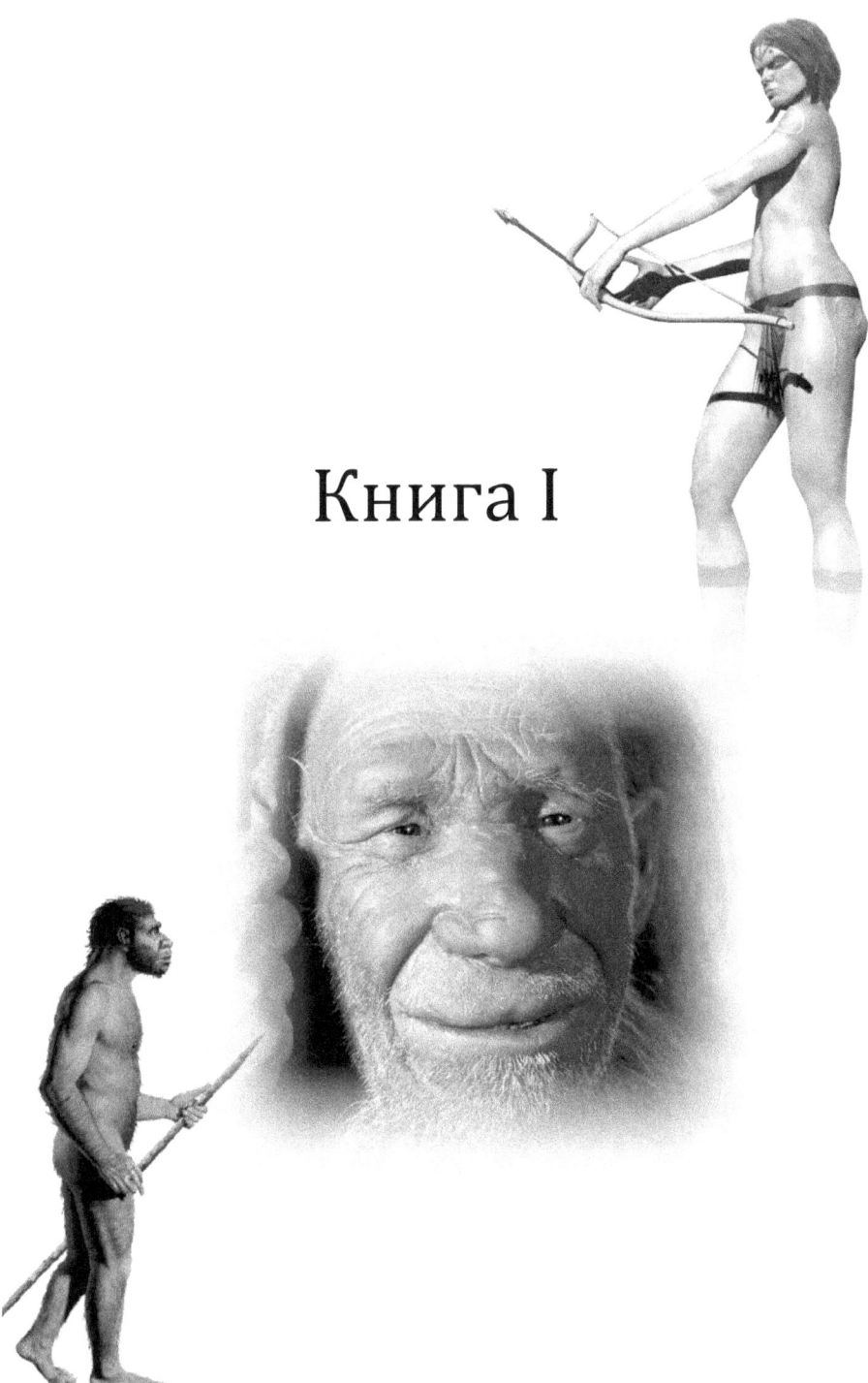

Гомо Сапиенс

Благодарность

Спасибо всем, кто помог мне в работе над этой книгой.

При создании книги использовались многочисленные источники: Зигмунд Фрейд «Тотем и Табу» и «Человек Моисей.» Тора; Пророки; Писания; Новый Завет. Чарльз Дарвин «Происхождение видов путем естественного отбора«.

Материалы из социальных сетей, публицистика, сми, исторические и научно-исследовательские публикации и множество открытых источников.

Шимон Гарбер

Гомо Сапиенс

Аннотация

Вероятно, вопросы мироздания, религии и своего места в этой жизни появляются в голове любого размышляющего человека. Всеобщая декларация прав человека утверждает:... «Все люди рождаются свободными и равными...»

Отцы-основатели предусмотрели почти все. Но даже они не могли предвидеть, что общество так измениться. Что могут прийти к власти демократическим свободным выборным путём иначе мыслящие люди, становящиеся большинством, стремящиеся всё отобрать и поделить. Что демократы станут социалистами, причём самого левого толка. Ради легального захвата власти они готовы пойти на разрушение принятых столетия назад конституционных законов — понизить возрастной ценз до 16 лет, дать нелегальным иммигрантам право голоса. А также заключённым в тюрьмах.

Религия коммунизма снова отрастила свои головы и ничему не научившееся человечество снова рвётся к революционному переделу общества.

Насколько справедливо утверждение, что все люди рождаются равными и свободными? Мне всегда казалось это утверждение несколько наивным и патетическим. С позиции права, возможно, это и так, но одни рождаются здоровыми и богатыми, а другие бедными и больными. Эти неравенства можно перечислять без конца. Умные и не очень. Удачливые и совсем наоборот. Родившиеся в хорошей, свободной, с хорошим климатом стране или же в жуткой дыре, в стране третьего мира, где нет свободы и еды. В хорошей семье, где родившийся ребенок любим и обласкан, или в несчастной семье, где он обуза. Продолжить этот ряд может каждый для себя.

Гомо Сапиенс

Социальное неравенство встречает нас со дня рождения и сопровождает в течение всего жизненного пути. Помимо социального неравенства, существуют расовые, национальные, гендерные, физические, интеллектуальные различия. На жизнь человека влияет наличие особых дарований, внешние данные, место рождения и многие другие обстоятельства, порождающие неравенства — как естественные, так и вследствие социальных факторов.

Одни получают право на жизнь, зарабатывая своим трудом, другие получают дивиденды от доставшихся по наследству ценностей или созданных в результате собственных усилий.

Все эти социальные неравенства привели общество к расслоению. Тех, которые оказались менее удачливыми в социальной иерархии, обычно относят к меньшинствам, хотя эти меньшинства давно стали большинством во многих современных государствах. Их голоса становятся все громче и требовательней. В современных демократических государствах с реальной выборной системой бывшие меньшинства все больше получают мест в управлении государства. Их голоса все слышней. Столь знакомое требование отнять и поделить. Желательно все бесплатно и сегодня. Демократия на их стороне, так же как и демография. Они пришли, и это сегодняшняя реальность.

Нельзя отыграть назад и объявить всё произошедшее ошибкой. Свободы, за которые меньшинства боролись столько лет, сегодняшняя реальность. Они теперь большинство, и за ними будущее нашей планеты. Хорошо это или плохо, решать нашим потомкам. Им проходить этот неизведанный путь. Смогут ли они отстоять наши ценности или изобретут другие, нам не дано предвидеть. Уходя, мы пожелаем им удачи и помолимся, даже неверующие.

Что ждет наш социум завтра? Гражданская война, хаос или что-то еще худшее?

Гомо Сапиенс

Кто мы

С момента осознания себя как личности человек не мог не задавать себе вопросов... «Кто я? Кто меня создал? Кто создал весь этот мир, такой пугающий и враждебный?»

Тора и Библия, собрание священных религиозных текстов в иудаизме и христианстве, объясняющие происхождение мира и самого человечества, довольно стройно описали историю возникновения всего сущего на этой земле:

«... Земля же была пуста и нестройна, и Дух Божий носился над водою».

Создателю явно стало скучно, и Он решил создать (прошу прощения за тавтологию) что-то нечто грандиозное. Благо, средства неорганичные. В последующие шесть дней Создатель трудился, не покладая рук, и естественно появилось всё. Перечислять смысла нет, поскольку «всё» - слово довольно ёмкое, и всё, чем славна планета Земля, было создано. На шестой день творения Создатель сотворил по своему образу и подобию человека, а из его ребра еще и женщину. Ну не одному же ему, новому хозяину мира, владеть всем.

В седьмой день Создатель отдыхал.

Молодожёны были размещены в районе Месопотамии, где между реками Тигр и Ефрат в то время располагался Райский Сад. Нарушив прямое указание Создателя о недопустимости срывания яблока с дерева Познания, которое растёт в середине Райского Сада, женщина (а кто же еще) вместе со своим мужем,

Гомо Сапиенс

была изгнана навсегда из Райского Сада. Так началась история страданий и мук всего рода человеческого.

Многие лета всё было понятно и просто, но пытливые умы в течение тысячелетий искали ответы на столь волнующие вопросы: ... «Как и когда появилась вселенная? Откуда появился первый человек и как он смог распространиться по всей земле? Где находилась колыбель человеческой расы, и когда это произошло?»

В разные эпохи высказывались различные теории. Если в стародавние непросвещенные века за подобные высказывания было довольно просто отправиться для очищения на костер, то теперь, в 20-21 веках, наука, история, литература, искусство, опираясь на исследования учёных, археологов, генетиков, палеонтологов, обрушили на не совсем подготовленные к подобным открытиям головы, такую лавину информации, что всё, что человечество знало и лелеяло за всю свою историю, рухнуло в тартарары.

Как говаривал известный поэт, «оковы рухнут, и свобода вас встретит радостно у входа»...

Свобода от чего? От того, во что верили тысячелетия? От религии, которая стала ближе и дороже, чем тысячу лет назад? От истории, астрономии, физики, математики, наконец? Оказалось, что все относительно, приблизительно и вообще темно, и неизвестно что будет дальше. А кто были наши предки? Тьфу, даже думать не хочется. А что делать со знаниями, искусством, литературой, музыкой, живописью, скульптурой, философией? Тысячелетия лучшие умы и таланты создавали шедевры, насмерть сражались на диспутах. В темных кельях при свечных огарках писали картины мироздания и записывали глубочайшие откровения человеческой мысли.

Краеугольные камни человеческого бытия: истина, вера, надежда, стремление к добродетели и убежденность в справедливости высшей силы, дарующей и наказующей. В легитимности мирового порядка и легитимности власти, распоряжающейся всей жизнью человека. Что истинно, а что иллюзорно? В чем смысл бытия, и каков его конец?

Современное толкование процессов мироздания разнесли по всему мировому пространству массмедиа в виде ученых трактатов, научно-популярной литературы, а главное, используя современное творение человечества, социальные сети. Последние, при помощи полу художественных и научно-анимационных кино-средств создали поистине эпические картины создания вселенной, а также теории о происхождение человеческой расы с дальнейшим развитием первых и последующих цивилизаций на планете Земля.

Теперь, когда мы вооружены такими познаниями, кто были наши предки и как они выжили в тех жутковатых условиях и даже размножились настолько, что заселили весь земной шар, жизнь стала веселей и содержательней? Вот уж вряд ли. Прагматизм никогда не мог быть веселее сказки. Таинственности и ожидания чуда. Веры в могущество судьбы и надежды в награду за послушание, добродетель и справедливость.

Обратимся к словам другого Поэта...

«Есть грозный суд: он ждет;
Он не доступен звону злата,
И мысли и дела
он знает наперед»...

Сама вера в возмездие и справедливость помогала пережить самые болезненные и горькие удары судьбы.

Гомо Сапиенс

Гомо Сапиенс

Как всё начиналось

Оказалось, что наша Земля совсем уже старушка. Четыре с половиной миллиарда лет назад произошел Большой Взрыв. Англичане называют это — Big Bang. Теория Большого взрыва — теория о том, как образовалась наша вселенная и планета Земля, в частности. Космологи и астрономы пришли к логическому заключению. Поскольку вселенная продолжает расширяться со скоростью 735 километров в секунду, то естественно когда-то это был небольшой сгусток материи с бесконечной плотностью и температурой. Около 13,8 миллиарда лет назад этот сгусток начал расширяться, и Большой Взрыв породил всю нашу вселенную. Эта теория объясняет многое, и пока никто не доказал обратного, ученые основывают законы физики и создание вселенной на теории Большого Взрыва.

Планета Земля появилась 4,5 миллиарда лет назад из космической пыли и газа. Возможно, она больше напоминала Солнце, или планету Сатурн с пылевыми кольцами нежели планету Земля. Не имеющая атмосферы Земля подвергалась бомбардировке космическими объектами. Одно из таких столкновений привело к наклону земной оси и образованию Луны.

За миллиарды лет земля остыла и приобрела твёрдую кору. Есть разные теории, откуда на земле появилась вода. Вода позволила Земле сконденсировать облака, создать защитную атмосферу и сделать ее пригодной для живых организмов. Около 580 миллионов лет назад возникла многоклеточная жизнь. Организмы развивались, принимали новые формы или вымирали. Ледниковые периоды, меняющееся климатические условия, тектонические сдвиги плит, вулканическая деятельность, столкновения с астероидами изменяли облик планеты и заставляли живые организмы приспосабливаться к меняющимся условиям существования.

Известный Юрский период начался около 200 миллионов лет назад и продолжался 56 миллионов лет. Полноправными властелинами земли являлись динозавры, и никаких признаков существования гуманоидов в тот период не обнаружено.

В конце мелового периода, 65 миллионов лет назад Земля столкнулась с огромным метеоритом. Последствия были катастрофическими. Динозавры и большинство рептилий вымерли, освободив дорогу млекопитающим.

Гомо сапиенс

Климат в Африке около 3 миллионов лет назад был гораздо более влажным.

Климатические и экологические условия благоприятствовали растительному и животному многообразию. Высокие деревья позволяли приматам вести привольную жизнь в кронах и, не спускаясь на землю, питаться листьями и ягодами, не опасаясь хищников. Климат менялся, становясь всё более засушливым. Деревья стали более низкими и редкими. Земля зарастала травой. В поисках еды приматам пришлось спускаться на землю и пре-одолевать всё большие расстояния в поисках еды.

Встав на задние лапы, приматы выпрямлялись, глядя вперед, обозревая горизонт и высматривая врага, при виде которого можно было быстро спрятаться или вскарабкаться на ближайшее дерево. Они учились отыскивать съедобные ягоды и фрукты, а также поедать остатки мяса, брошенные хищниками. Они также могли полакомиться мясом других видов приматов и небольших животных, которых можно поймать. Эти новые условия существования, привели к изменениям всего организма. Питание мясом способствовало увеличению мозга. Совместная охота на небольших животных потребовала координации и обмена звуками и жестами. Пришло время взять в руки палку или камень, научиться обдумывать и координировать с другими свои действия. Примат становился гуманоидом. То, что наш вид Гомо сапиенс произошёл от человекообразной обезьяны, уже никаких сомнений ни у кого не вызывает. Различные группы шли по собственному пути эволюции, и около 4,5 миллиона лет назад предки человека обособились от других человекообразных обезьян. Поздравляем всех расистов и прочих ревнителей чистоты расы. Мы все произошли от обезьяны. И мы все родом из Африки.

Чарлз Р. Дарвин (1809-1882), английский натуралист и путешественник, одним из первых обосновавший идею о том, что все виды живых организмов эволюционируют со временем и происходят от общих предков.

Автор книги «Происхождение видов» не просто произвел переворот в области естественной истории, но, по сути, опроверг веру в божественное происхождение человека и — как следствие — веру в саму религию как таковую.

Теория Чарльза Дарвина вызвала бурю негодования. Его считали предшественником Антихриста, но были и такие, кто сравнивал с Аристотелем и Ньютоном. И до Дарвина были ученые, чьи работы противоречили религиозным постулатам. Коперник (1473-15430) описал модель мира, поместив Солнце в центр, а Землю на ее орбиту в своей работе «о вращении небесных сфер».

Галилео Галилей (1564-1642), изобретатель телескопа, был обвинен церковью в ереси и помещен под домашний арест до конца жизни.

Джордано Бруно (1548-1600) был осужден как еретик и приговорен к смертной казни через сожжение.

Исаак Ньютон (1643-1727), физик, математик, астроном, историк и алхимик, автор труда «Математические начала натуральной философии», изложил закон всемирного тяготения.

Все эти ученые и мыслители, сталкиваясь с законами мироздания и развития окружающего мира, осознавали противоречия, заложенные законами религии, а их собственные теории и догадки, не согласовывались с предписываемыми правилами.

Гомо Сапиенс

Наши предки

Колыбелью человечества признана Африка. Ископаемые останки человека возрастом 2.5 миллиона лет, названого австралопитеком, были обнаружены в ЮАР. Люси, (так назван скелет женской особи) относится к вымершему виду, и от него прямо или косвенно произошёл род Гомо Сапиенс. Это самый ранний вид человекообразного существа, известного в настоящее время. Позже был найден скелет австралопитека возрастом 3,2 миллиона лет. Австралопитеки были небольшого роста, 1-1,5 метра, с объемом мозга в 380-430 куб. см. Последний скелет гуманоида, найденный в Западной Африке, датируется 7-ю миллионами лет назад. Ходил на двух ногах, но речью, скорее всего, не обладал. Первые гуманоиды вели древесный образ жизни и спускались на землю для сбора растительной пищи. Вероятно, жили семьями или, скорее, кланами.

Следующую ступень в развитии человекообразных занимает Человек Умелый. Homo Habilis — возраст около 2,5 миллионов лет назад. Прямоходящий и, возможно, изготовлявший каменные орудия труда.

Следующим принято считать Человека Прямоходящего, Homo Erectus, или питекантроп. Вымерший тип человека около полу- миллиона лет назад. Невысокий рост, покатый лоб, объем мозга — 900-1200 куб. см. Занимал промежуточное положение между австралопитеком и неандертальским человеком. Возможно, пользовался огнём.

Считается что Homo Erectus первым мигрировал из Африки и около 2 миллионов лет назад и заселил Евразию.

Гомо Сапиенс

Неандерталец.

(Homo Neanderthal's, sapiens) жил 230-30 тысяч лет назад. Объем мозга соответствовал современному и даже немного превосходил его. На стоянках неандертальцев найдены следы определенной культуры. Ритуальные предметы, наскальные рисунки и пр. Ученые считают, что неандертальцы — тупиковая ветвь эволюции.

Кроманьонец.

(Homo sapiens, sapiens), Человек разумный, появился около 130 тысяч лет назад. Он внешне мало чем отличался от современного человека. Найденные многочисленные артефакты позволяют судить о высоком развитии культуры. Наскальная живопись, миниатюрная скульптура, украшения и многое другое. Человек разумный заселил всю землю 10-15 тысяч лет назад.

Прибывшие в Европу Гомо Сапиенс обнаружили живших там последние 50-60 тысяч лет Неандертальцев. Последние постепенно исчезли с лица земли. Существуют различные мнения, почему Гомо Сапиенс выжили, а Неандертальцы исчезли. Вероятно, первые были более приспособлены к условиям выживания. Они были вооружены более легкими, чем у Неандертальцев, копьями и могли их метать на более далекие расстояния. Существует мнение, что Гомо Сапиенс попросту убили и съели соперников, как это было принято у каннибалов. Устроить трапезу и в праздничных ритуалах отметить победу над врагом, поедая его плоть и мозг, — означало испытать чувство превосходства и получить часть его силы. Такая трапеза означала полное торжество данной семьи и способствовала более тесному объединению.

Меняющийся климат Африки заставил общества охотников и собирателей искать новые места обитания.

Миграция человека началась около 2 миллионов лет назад. За экспансией Homo Erectus последовала миграция Homo sapiens. Они появились на Ближнем Востоке около 70 тысяч лет назад. Здесь потоки разделились. Часть отправилась в Малую Азию и оттуда в Европу. Другая часть отправилась на юг и восток и около 50 тысяч лет назад заселила Южную Азию и дальше на восток, Индию и Китай.

Последний ледниковый период земли, застал мигрирующее человечество 12 тысяч лет назад. Граница оледенения проходила на 1500-1700 км южнее современной границы Атлантики и Тихого океана. Уровень океана опустился на 100 метров. Обнажились многочисленные острова.

Сегодня найденные останки представителей Гомо Сапиенс, позволяют считать, что первые люди мигрировали из Африки около 185 тысяч лет назад. Перебравшиеся на Ближний Восток мигранты направлялись на юг, в сторону Индии, и оттуда через острова в Австралию. Другой поток, отправившийся в Анатолию, оттуда попадал в Европу, как Западную, так и Восточную. Какая-то часть пересекала Берингов пролив по ледяному мосту и оказывалась в Америке.

Человек разумный заселил практически всю землю. В Европе он столкнулся с Неандертальцами, заселившими Западную и Восточную части Европы, а также Среднюю Азию.

Возможно, и даже вероятно, что эти два вида гоминидов сталкивались между собой, а возможно и соперничали. Как бы там ни было, Неандертальцы вымерли, а Гомо сапиенс получил в наследство 3% генов от Неандертальцев. Это могло означать, что какие-то социальные отношения всё-таки были, хотя, возможно, и не добровольные. Я встречал человека, который внешне полностью соответствовал образу Неандертальца. Небольшого роста, с широченной грудью, абсолютно заросший скорее шерстью, чем волосами. Это был милейший человек, капитан второго ранга, командовавший подводной лодкой. В то далёкое время мы, ещё ничего не зная о Неандертальцах, поддразнивали его, сравнивая с Челленджером, персонажем из книги Артура Конан Дойла, «Затерянный Мир».

Современные археологический находки постоянно меняют наше представление о времени миграции человека разумного из Африки.

Собиратели и охотники осваивали новые жизненные пространства, путешествуя через континенты. Подобная жизнь в суровых условиях необжитых и неизвестных мест была не просто тяжела, но и чрезвычайно опасна. Любое заболевание, несчастный случай на охоте, случайная травма, увечье или нападение диких животных могли привести к смерти. Жизнь первобытного человека была короткой. Окружающий мир был враждебен и опасен. Страхи и суеверия подталкивали к поискам защиты и помощи внешних сил. Каждый клан имел подобных защитников, которым поклонялись и приносились жертвы. Предметом поклонения могло быть любое животное, предмет, явление природы или окружающая среда (деревья, горы, водные преграды и т. д.)

Сегодня мы знаем, что история человечества не просто простирается вглубь веков, уходит в тысячи, а то и миллионы лет назад. Ещё недавно наше славное человечество гордо заявляло о себе как о существах, созданных по образу и подобию Божьему. Первый человек был не просто создан из праха и горсти земли, а еще наделен бессмертной душой. Божественное провидение создало властелина над всем сущим на этой земле. Природой, скотами, населяющими эту землю, водными просторами со всякой плавающей там живностью. Человек — венец Божьего творения и Царь всего.

Осознание своей исключительности наполняло человечество не просто гордостью и восторгом, но и чувством вечной благодарности и неистребимого желания вечного поклонения в песнопениях и молитвах.

Но это всё пришло потом. На заре юности человечество должно было пройти через множество этапов развития. Для начала Царь всего сущего, должен был встать с четверенек и научиться ходить прямо, чтоб срывать плоды, растущие высоко на деревьях. Теперь он мог держать в руке-лапе палку или камень, что сразу выдвинуло его в первые роли в пищевой цепочке. С таким вооружением он мог защищаться и нападать. Оружие не только стократно увеличило возможности добычи пропитания, но и подтолкнуло его развивающийся мозг к размышлениям.

Гомо Сапиенс

Тотем

Подобно другим обитателям животного мира первобытное общество жило семьями, или, вернее, кланами. Каждое такое сообщество имело свой тотем и подчинялось правилам, доставшимся от предков. Тотемизм еще не был религией. Тотемом мог быть большой камень, дерево, животное или явление природы.

Тотем является прародителем клана и верховным божеством, покровительствующий членам данного тотема.

В своей работе «Тотем и Табу» др. Зигмунд Фрейд изложил теорию психоаналитического исследования инфантильной душевной жизни первобытного человека. Судя по предметам, оставшимся после них, наскальному искусству и мифам, передаваемым из поколения в поколение, можно понять, что они жили общинами (стаями), как и весь остальной животный мир. Едва зародившийся разум пока ещё мало чем отличающийся от инстинктов, подталкивал сознание к поискам спасения от всего непонятного, пугающего в силе, способной защитить, а может быть — и способной наказать или простить. Высший судия, неподкупный и всепрощающий. Грозный и наказующий.

Страхи и суеверия перед явлениями природы или хищниками порождали создание множества первобытных языческих тотемов. Тотемы племени, клана, семьи передавались по наследству. Культ тотема порождал многочисленные табу, регулирующие практически все аспекты жизнедеятельности семьи (клана) данного тотема. Табу, по сути, первый кодекс взаимоотношений первобытного общества. Само слово табу имеет несколько значений: священный (святой), запретный (опасный, жуткий, нечистый).

Вера в защитную или наказующую силу тотемов порождала первые языческие верования.

Вождь племени данного тотема являлся верховным жрецом, управляя своей паствой, прибегая к колдовству и магии, исполняя различные ритуалы. Страхи и сомнения порождали различные обряды и заклинания, которые способны отвести наказание за поступки перед тотемом или нарушение табу. Вера в могущество и защиту тотема обязана быть непоколебимой, и любое сомнение наказывалось принесением отступника в жертву тотему.

Легковерные и послушные каннибалы, поедая части тела врага веры, истово служили своему идолу. Можно с большой долей вероятности предположить, что между различными племенами возникали войны, связанные с нарушениями табу или осквернением тотема.

Виновника или виновницу за нарушение табу наказывали смертью. Во время тотемных войн победители убивали всех мужчин и распределяли захваченных женщин среди победителей. Если, разумеется, не существовало табу на экзогамию с женщинами данного тотема.

Тотему приносились жертвы в виде плодов и растений, животных, не относящихся или противостоящих тотему, а также жертвы врагов или тех, кто отказывался признавать верховенство данного тотема.

Вокруг тотема совершались различные обряды и поклонения, сопровождавшиеся ритуальными танцами и песнопениями. Поднесённые жертвования поедались членами данного тотема, участвующими в праздничной трапезе.

Тотем мог находиться либо посередине небольшого поселения, либо где-то неподалеку, на возвышении. Члены данного тотема устраивали шествия с песнопениями и танцами, направляясь к тотему для проведения ежедневных молебнов и празднеств.

Как же были организованы кланы первобытных людей.

Чарльз Дарвин (1874): «ПЕРВИЧНАЯ ОРДА (PRIMAL HORDE). Форма примитивной социальной организации, в которой люди жили в небольшой, более или менее организованной группе, управлявшейся деспотичным, властным и ревнивым предводителем (первичным отцом), присвоившим себе всех женщин и оберегавшим их от посягательств сыновей и остальных молодых мужчин племени. Это, возможно, приводило к мятежу, в результате которого первичный отец был убит и съеден.

В работе «Тотем и табу» Фрейд провел четкую параллель между собственными клиническими наблюдениями, показавшими, что квинтэссенцией всех тотемических религий является ритуал, состоящий в убиении жертвенного животного, его совместном съедании и последующем оплакивании.

Фрейд пришел к выводу, что это первичное убийство, воспоминание о котором, по его мнению, филогенетически передается по сей день, привело к формированию нового типа социальной организации. Чтобы не допустить нового убийства и связанного с ним чувства вины, тотемное животное заменило отца, был запрещен инцест (кровосмешение) и установилась экзогамия (в жены берутся только женщины из другого клана). Таким образом, развитие тотемизма как практическое разрешение Эдиповой проблемы знаменовалось возникновением этических ограничений, религии и социальной организации. Фрейд вполне осознавал гипотетический характер этих построений, однако сходство его клинических наблюдений и результатов исследований Дарвина, Аткинсона и Робертсона-Смита было столь поразительным, что он никогда не сомневался в их фундаментальной правильности.

Сохранились ли в сегодняшней действительности обряды и

действия, схожие с поведением представителей тотемного общества? Безусловно да. Значительная часть современного религиозного общества проводят молитвы и обращения к своим богам. Прибегая к различным физическим проявлениям в виде танцев, песнопений, преклонений, совершая различные знаки руками, зажигая свечи или палочки, размахивая культовыми предметами и накладывая руки или предметы на склоненные головы ищущих покровительства или прощения.

Гомо Сапиенс

Религия

Современное общество сохранило множество суеверий, выражая это определенным образом. Одеваясь в соответствующие формы одежды. Покрывая голову или наоборот обнажая ее. Храня различные амулеты и совершая различные обряды как в повседневной жизни, так и во время посещений культовых церемоний. В быту мы верим в различные знаки и действия, которые должны помогать и охранять наше жилище и очаг от злых сил, могущих разрушить наше благополучие.

Сегодня мы собираемся в наших молельных домах в определенный день недели для совместных молитв. Мы проводим там специальные обряды, связанные с рождением, смертью или с вступлением в брак. Мы свято верим, что без традиционного обряда, проведенного служителем культа, может случиться нечто, за что придется платить непомерно высокую цену.

Душевные сомнения, страх перед грядущим наказанием и желание защитить близких, при неисполнении традиционных предписанных ритуалов, безусловно оправдывают религиозные обряды. Даже самый решительный атеист, смирится и пройдет через определенные религиозные церемонии.

С изменениями в построении человеческих сообществ несомненно происходило и изменение в тотемизме, первой форме проявления религии в человеческой истории, к обще религиозному очеловечиванию почитаемых существ. Место животных занимают человеческие боги, пока еще несущие животные признаки. Рога, хвост, когти или иные признаки тотемного животного.

Религия занимает место тотемного символа. Строятся специальные общественные места для совместного почитания божества. Религия — это вера во всемогущество данного божества. Вера не терпит никаких сомнений или непослушания. Постулаты веры должны исполняться неукоснительно. Боги политеизма отражают отношения эпохи.

Следующий естественный шаг цивилизованного сообщества — переход от политеизма к монотеизму. Появляется образ Бога-отца. Почитание и поклонение Богу-отцу, сочетаются с генетической памятью поклонения тотемному божеству и совместной поминальной трапезы. Христианский обряд причащения сопровождается символически поеданием плоти и крови своего Бога. С христианским Богом вообще не все понятно. Если Бог-сын невиновен, то зачем приносить себя в жертву? Зачем понадобилось триединое божество? Бог-отец с его иудаистской религией, Христос-сын и Святой дух. Что за «первородный грех» человечества, за который должен был расплачиваться Иисус Христос? Может быть, за то, что Адам и Ева занимались любовью? А может за то, что съели яблоко, посаженное в Райском саду? Но ведь Бог всесилен и всеведущ. Значит, он знал, что так произойдет. Выходит, что это была подстава, за которую человечество расплачивается по сей день.

Подавляющая масса людей ощущает потребность в защитнике. В авторитете, которому можно подражать, восхищаться, подчиняться, любить, верить, надеяться на помощь. Его нужно бояться, но ему можно безусловно верить. Таким могущественным авторитетом обладает Создатель. Подчинение ему в молитвах, песнопениях, совершения различных религиозных обрядов обладают таким глубоким влиянием на психику человека, что способно довести до состояния экстаза и преображения в некое иное существо. Религия по своему влиянию на человека несопоставима ни с каким видом искусства, пропаганды, призывов или агитации. Вера в единого Бога предполагает «могущество мысли». Убежденность в возможности обращения к Создателю со словами молитвы, просьбами и упованиями, приносит уверенность в том, что мы будем услышаны.

Гомо Сапиенс

Первые цивилизации

Открытие зерновой культуры, злаковых (пшеница, овёс, ячмень, кукуруза, рис и пр.) привело общество охотников и собирателей к оседлой жизни. Открыв возможность не покрывать большие расстояния в поисках пищи, а просто обрабатывать почву и собирать урожай, который можно сохранить на дли- тельный срок, человек разумный перешёл к оседлому образу жизни и создал первые поселения, что впоследствии привело к созданию первых цивилизаций.

Самой древней цивилизацией принято считать шумерскую. (меня поправили, указав на то, что первой цивилизацией была индская, затем – египетская, а уж потом шумерская). Они расселились на плодородных землях южной Месопотамии. Между реками Тигр и Ефрат в конце четвёртого тысячелетия до н. э.

Долину Месопотамии населяли племена семитов-скотоводов. Появившиеся шумеры не являлись семитами. Они приплывали на кораблях и явно были хорошими мореплавателями. Шумеры для своего времени были продвинутым народом, обладая многочисленными знаниями в различных областях. Шумеры создавали первые города-государства (Эриду, Ур, Урук, Киш, Лагаш).

Название Шумеры, стало известным благодаря найденному глиняному клинописному письму: «Царь Шумер и Аккада...».

Сами они называли себя «черноголовыми». Есть много версий, откуда появились шумеры. Одна из версий говорит, что они прибыли из местности, расположенной на юге Индии. Другая версия предполагала прародину шумеров в Персидском заливе.

По этой версии, Персидский залив представлял собой плодородное плато, где люди жили много тысячелетий, но очередная катастрофа Земли нарушила сложившееся равновесие, и воды Индийского океана хлынули на плато, превратив его в Персидский залив.

Возможно, так возникла легенда о всемирном потопе. Первые поселения создавались там, где были русла рек. Ганг в Индии. Хуанхэ и Янцзы в Китае. Нил в Египте. Тигр и Ефрат в Месопотамии. Понятно, что культивация почвы и выращивание зерновых культур невозможны без постоянного источника орошения земли.

Не так давно на территории Анатолии (современная Турция) обнаружили поселение, датируемое двенадцать тысячелетий тому назад. Возможно, обитатели этого поселения жили семьями в строениях, там же хороня своих предков. Отдельно стояло строение с большими украшенными каменными столбами. Это общественное здание с большой вероятностью можно отнести к культовому зданию, где члены поселения собирались для проведения религиозных обрядов.

Шумеры, занимаясь земледелием, создали разветвлённую систему ирригации. Шумерам принадлежат многочисленные открытия и изобретения. Колесо, клинопись, добыча и выплавка меди и других металлов, использование нефти, создание многоступенчатых храмов-зиккуратов для древних религий мира, торговый обмен товарами, шестидесятеричная система счисления, которой мы пользуемся и сегодня. Создание таблицы знаков зодиака и знания в области астрономии. Шумеры первыми создали бронзу, сплав меди с оловом, таким образом дав начало бронзовому веку. Они умели обрабатывать золото, серебро и знали драгоценные камни.

Шумеры умели варить пиво, и вероятно египтяне заимствовали у шумеров эти знания. Между шумерской и египетской культурой существовали интенсивные контакты. Пантеон богов Египта во многом совпадает с шумерским.

Гомо Сапиенс

Астрономические представления шумеров и египтян в основе тождественны.

Использование ирригации привело к плодородию. И обилие сельскохозяйственной продукции способствовало росту населения и торговле. Шумеры освоили монументальное строительство. Они строили монументальные храмы-зиккураты из обожженного кирпича, обрабатывали металлы, вели торговлю со странами, отстоящими на тысячи километров, вели хозяйственный учет.

Шумеры построили множество городов. Каждый город являлся независимым государством. Общими оставались религия, язык и культура. Религия отличалась многобожием, что впоследствии заимствовали Аккад, Вавилон, а затем и Ассирия.

Аккадский правитель Саргон завоевал Шумер в 2361 году до н.э. Под его властью вся Месопотамия были объединены под властью одного правителя. Саргон — первый семитский правитель Месопотамии, Южного и Северного Вавилона, царь Шумера и Аккада, создатель первой месопотамской империи.

С 2000 годов до н.э. Аккад постепенно пришел в упадок и его место заняли Вавилон и Ассирия.

Гомо Сапиенс

Гомо Сапиенс

Социальное общество шумеров

Родоплеменная организация общества изменилась на раннерабовладельческую. Поскольку появились различные ценности (земля, имущество, рабы и пр.), появились и классы, объединяющие людей по положению в обществе и достатку. Родовая знать и служивый люд обладали значительными участками земли и большим количеством рабов, обрабатывающих эти земли. Крупные торговцы, владеющие кораблями и караванами, торговали с различными странами.

Функция верховного жреца и военачальника сосредоточилась в одних руках и перешла в единоличную власть правителя. Высший слой общества занимали жрецы, служившие в храмах. Они занимались прокладкой оросительных каналов, собирали налоги. Они же выдвигали военачальников в периоды военных столкновений.

Совершенствуется клинописное письмо. Миф о Гильгамеше, в котором впервые упоминается легенда о всемирном потопе, вошел в эпос многочисленных народов.

В 1750-х годах до н.э. появился клинописный текст на аккадском языке на диоритовой стеле. Свод законов Хаммурапи, регулирующий вопросы судопроизводства, отношений и права. Эта крупнейшая реформа правопорядка древней Месопотамии на многие века унифицировала право и отразились во множестве кодексов различных стран, включая библейское законодательство.

Гомо Сапиенс

Гомо Сапиенс

Новая религия

Одно, казалось, довольно незначительное обстоятельство, произошло около 1800 лет до н. э. Это событие изменило ход истории и развитие цивилизации.

На Аравийском полуострове и Ближнем Востоке вели кочевую жизнь различные семитские племена. Арабы тоже относятся к семитам. Более чем вероятно, что некоторые семитские племена осваивали плодородные участки земли и переходили к оседлому образу жизни. Менялся жизненный уклад и соответственно появлялись другие боги. Захоронения усопших соплеменников требовали новых ритуалов, традиций и осознания другого, потустороннего мира. Возможно, так родилась вера в единого Бога.

Вот как описывает это событие Тора – Пятикнижие Моисея, которая у христиан вошла как Ветхий Завет в Библию... И сказал Бог Авраму: «Уходи из страны твоей...потомству твоему отдам я эту страну» (Ханаан). И построил он там жертвенник Богу, который явился ему.

Авраму, звездочёту и мечтателю, скотоводу из Шумерского города Ур, голос с небес повелел оставить отчий дом и идти в страну Ханаанскую. Голос поведал, что он и есть Господь Единый и Аврам отныне будет называться Авраамом, при условии послушания и выполнения всех приказов у него будет прямой потомок мужского пола и он станет патриархом народа «...неисчислимого, как морской песок».

Авраам, женатый на красавице Сарре (своей сестре), к большой печали, не имел детей, чем постоянно сокрушался, поскольку некому будет передать скот и нажитое имущество. Веруя в Единого Бога, Авраам послушно отправился в Ханаан и разбил свои шатры, покрытые чёрными овечьими шкурами, близ Мамре (Хеврон). Но мечта о наследнике пока не осуществлялась. Сарра, желая утешить Авраама, по обычаю того времени привела к нему свою служанку, Агарь. Рожденный на колени приемной матери ребенок становился ее ребенком. Родился мальчик, которого назвали Ишмаель. Арабы относят свое происхождение к Ишмаелю, и даже родословная Мухаммада восходит к нему.

Наконец Господь решил выполнить клятву, и Сарра родила мальчика, названного Исааком. Поскольку женщины не могли ужиться вместе, Агари с младенцем пришлось уйти. Исаак, приняв новую религию отца — религию Единого Бога, стал также библейским патриархом. Его младший сын, названный Иаковом и получивший также другое имя, Израиль, стал родоначальником «двенадцати колен» (семей), принявших религию праотцов, монотеизм.

Тора описывает историю Иакова-Израиля, отправившегося за невестой на родину матери своей, он проработал у дяди своего, Лавана, 14 лет за двух его дочерей. А всего у Израиля было 12 сыновей, от которых и ведет свой отсчет народ Израиля.

Далее Тора описывает историю народа Израилева, попавшего в Египет и порабощенного на долгие годы. Рабство иудеев в Египте ведёт отсчет различными источниками по-разному. От 425 лет до 210 лет. Естественно, есть и источники, которые утверждают что египетское рабство иудеев просто миф.

Исход евреев из Египта, при помощи посланного пророка Моисея. Чудесное спасение при переходе Красного Моря. Блуждание по пустыне 40 лет и получение 10 заповедей на горе Синайской.

Гомо Сапиенс

С этого момента начинается отсчет евреев как нации. Проблема подтверждения произошедших событий, пребывание евреев в рабстве в Египте, исход из Египта, не подтверждается ни одним известным источником, кроме самой Торы.

Согласно одной из гипотез, эпоха Авраама приходится на начало XX века до н.э. Отталкиваясь от библейской хронологии, между постройкой Соломоном Храма и исходом из Египта прошло 480 лет.

Еще одна гипотеза, которой поделился др. Зигмунд Фрейд в своей книге «Человек Моисей», в которой подвергается подробному анализу не только фигура самого Моисея, но и вероятность существования данного персонажа вообще. З. Фрейд считал, что принцип единобожия принадлежал фараону Эхнатону. Вступив на трон, Эхнатон заменил весь пантеон богов, единственным богом провозгласил себя, верховным жрецом бога Атона (солнце), перенес в новое место столицу, назвав её Ахет-Атон. Эхнатон женился на двоюродной сестре красавице Нефертити. Многочисленные жрецы, лишившись власти, не могли простить фараону отступления от древних традиций. На 17 году правления Эхнатон был свергнут. Один из его сыновей, Тутанхамон, перенес столицу назад в Фивы. Последователи религии свергнутого фараона подверглись преследованиям. Само имя Эхнатона было стерто со всех памятников.

Имя Моисей (Моше – иврит, Мозес – англ.) Мозе – египетское слово «дитя». Часто являлось составной частью имени. Это говорит нам о египетском происхождении имени. Чудесное спасение дитя в плывущей по реке плетеной корзине. Подобные легенды о чудесном спасении довольно часто встречались, когда речь заходила об исторической личности.

Таковой была легенда о царе Аккада, Саргоне (2800 год до н. э.). Подобных легенд множество: Кир, Ромул, Геракл, Эдип и др.

Если Моисей был египтянином, тогда становится понятна традиция обрезания младенцев мужского пола. Эта традиция была принята в Египте. Ни в одной из стран Месопотамии или Средиземноморья такого обычая не существовало.

Тора трактует традицию обрезания как знак союза между Богом и Авраамом. Тора также рассказывает нам о том, как Бог разгневался на Моисея за то, что он пренебрег священным обычаем. Бог хотел его умертвить, но жена, родом из земли Мадиамской, спасла его, спешно совершив операцию.

Др. З. Фрейд предполагает что Моисей возможно был знатным человеком, может быть членом царской семьи Эхнатона. Убежденным приверженцем новой, монотеистической религии. Возможно со смертью фараона честолюбивые надежды Моисея на сохранение власти и новой религии рухнули, и он, не желая отрекаться от своих убеждений, решил создать новое государство с новым народом и новой религией.

Около 200 лет до правления Эхнатона семитские племена гиксосов захватили власть в Северном Египте. Вот их-то и избрал Моисей своим будущим народом.

Исход из Египта прошел мирно. Никаких охраняемых границ не существовало. Это произошло в 1358-1350 годах до н.э.

То есть после смерти Эхнатона.

Историки считают, что еврейские племена, из которых впоследствии возник народ Израиля, приняли новую религию. Но произошло это не на Синайском полуострове, а в Мерибат-Кадесе. Оазис, богатый источниками и ключами. Где-то ближе к западной Аравии. Там проживали арабские племена мадианитян, поклонники бога Яхве. Считается, что Яхве был богом вулканов. Одна из гор, расположенных вдоль западной границы Аравии, возможно, называлась Синай-Хорив. Вероятно еще действующий вулкан в те времена.

Моисей, зять мадиамского жреца Иофора, который являлся родоначальником жрецов Кадеса.

Есть и еще одна теория, согласно которой основатель новой религии Моисей был убит своим восставшим народом, отрекшимся от новой религии. Родственные семитские племена объединились, приняв общую для всех религию, почитание бога Яхве.

Пятикнижие Моисея и книги Иисуса Навина впервые упоминаются одним из жрецов, современником царя Давида. После гибели Северного Израильского царства, некий иудейский священник объединил обе части.

Важнейшей составной частью религии иудаизма, была вера в приход Мошиаха (иврит) – Мессии. Это должен быть идеальный царь, из «Дома Давидова». С приходом помазанника Божьего, воцарится справедливость, мир, изобилие и покой во всем мире. Мёртвые воскреснут, и наступит всеобщее благоденствие.

Возвращаясь к Торе, мы узнаем, что где-то в 1000 году до н.э. юный пастух по имени Давид, побеждает гиганта Голиафа и становится царем иудейского народа. Он отвоевывает небольшое поселение Иерусалим и делает его столицей нового государства. Современные археологические раскопки находят подтверждение существованию «Дома Давидова». Сын его, Соломон, о котором существует множество легенд, строит храм для почитания Единого Бога. Первый, Соломонов, Храм просуществовал после смерти Соломона, (975, или 930 до н.э.) еще 5 лет. Сын Соломона, Ровоам, не смог удержать страну от распада. Десять северных колен откололись и создали государство Израиль со столицей в Самарии.

Два южных колена создали государство Иудею со столицей в Иерусалиме.

Египетский фараон Шешонк (Шишак I), во главе огромного войска, напал на еврейское государство, разграбил Первый Храм.

Самария была столицей Израильского Северного государства.

В 732- 722 году до н.э. ассирийский царь Саргон II захватил столицу и увел в плен 10 колен израилевых, которые потеряны навсегда, рассеянные среди других народов.

В 605 году до н.э. Вавилонский, царь Навуходоносор осадил

Иерусалим. Получив богатый выкуп, увёл заложников из знатных семей. Навуходоносор вернулся в 586 г. до н.э. Разграбил все сокровища Первого Храма и увел в плен большинство населения.

Храм был сожжен и разрушен в 423 г. до н.э., городские стены также разрушены.

Персы

Персы — одно из ираноязычных племен, пришедших в Междуречье. В 539 году до н.э., персы под предводительством Кира Великого захватили Вавилонию, превратив её в колонию Ахеменидской империи. Кир Великий, царь Персидский, решил восстановить порядок и право.

Согласно книге Ездры-Неемии, евреи Вавилона получили разрешение вернуться, «восстанавливать Храм Божий».

Ездра был священником (480 г. до н.э.), религиозным лидером, возглавившим иудеев, решивших вернуться из Вавилонского плена

Окончательное закрепление еврейского типа произошло через 900 лет после появления Моисея. За 500 лет до н.э. еврейский священник Ездра, а затем и Неемия, уведенные в Вавилонский плен и вернувшиеся в Иудею, восстанавливали Иерусалимский Храм.

Согласно библейской науке, книги Ездры-Неемии назвали Реставрацией. Кодифицированное Пятикнижие стало действующим религиозно-гражданским правом для иудейского народа.

Ездра потребовал от иудеев, чтобы все женатые на язычницах разошлись с ними и отослали их обратно, вместе с общими детьми. Несогласные оставить жен-язычниц, должны были уйти вместе с ними. Этот переворот проложил путь изоляционизму, крайнему фанатизму и преградам для обращения в иудаизм.

Эта монотеистическая религия, пронесенная народом че- рез тысячелетия бесчисленных страданий, войн и попыток тотального уничтожения, сохранила нацию, которая смогла вернуться в 20 веке на землю праотцов.

Эта же религия явилась причиной гонений и терзаний. Откажись иудеи от своей религии, они могли раствориться среди других народов. Вероятно, горькая чаша мук и страданий прошла бы мимо, но нация могла раствориться и исчезнуть с лица земли, как и многие другие народы. Эта библейская история легла в основу трех основных религий человеческой расы и на тысячелетия определила пути развития цивилизации. Приняв веру в единого Бога, человечество создавало и разрушало во имя

Бога, сокрушая и уничтожая все, что могло разрушить или помешать вере во всемогущество избранного Божества.

Проповедуя национальную исключительность, Ездра заложил мину замедленного действия, которая не раз ставила иудеев на грань выживания.

Монотеизм

Три основные религии — иудаизм, христианство и ислам — пережили множество столетий, враждуя друг с другом за право быть единственной и правильной религией для всего человечества. Христианство, появившееся поначалу как одна из бесчисленных сект в иудаизме, несогласной с главной доктриной правящей религии, достаточно быстро отошла от иудаизма и провозгласила нового Бога-сына, Иисуса Христа.

Ислам, или мусульманство. Возникло в начале VII века в Западной Аравии. Так же, как иудаизм и христианство, основывается на «авраамической религии» монотеизма.

Христиане ввели понятие «наша эра, или новая эра», взяв за точку отсчета предполагаемый год рождения Иисуса Христа.

Все происходившие в эти годы события нам известны из Нового Завета, писаний четырех апостолов Иисуса Христа.

Александр Македонский (356 г. до н.э. – 323 г. до н.э.) завоевал персидскую империю и после его смерти, его приемники-полководцы поделили завоеванные территории. Династии Селевкидов отошли территории Малой Азии, Ближнего Востока и Иудея, как часть этого наследия, а Птолемеям достался Египет.

Эти преемники-диадохи, Птолемеи в Египте и Селевкиды в Азии, вели постоянные войны за влияние на Ближнем Востоке. Иудея, находясь в эпицентре этих интересов (торговые пути из Индии и Дальнего Востока и Египет, через Средиземное Море в Европу), постоянно подвергалась нападениям то с одной, то с другой стороны. Появившийся новый игрок за мировое господство, Рим, завоевал и Египет и Сирийские владения.

Гомо Сапиенс

Восстание Маккавеев

(165 -142 до н.э.)

Серия войн иудеев против греко-сирийской державы Селевкидов связанна с притеснениями вероисповедания и насаждения греческой культуры и религии. После многочисленных сражений греко-сирийские войска были изгнаны, и в стране воцарилась династия Хасмонеев.

Иудея, нуждавшаяся в поддержке для борьбы с Сирией, заключила союз с Римом. В 63 году до н.э. римские легионы под командованием Помпея вошли в Иудею. Страна из союзника превратилась в вассала.

После завоевания Иудеи Помпеем были казнены лидеры восстававших, и на Иудею и Иерусалим наложена контрибуция. Иудеи неоднократно восставали против оккупантов. Габиний, римский полководец, подавил восстание иудеев в 55 году до н.э. Ему пришлось завоевывать множество крепостей, оказывавших ожесточенное сопротивление. В этих битвах выделялся молодой Марк Антоний.

В этом же году Марк Люциний Красс сменил Авла Габиния. Он же ограбил Иерусалимский Храм, забрав 2000 талантов и всю золотую утварь.

Красс погиб в походе против Парфии. Небольшой отряд под предводительством Гая Кассия Лонгина смог пробиться назад, в Сирию. Иудеи вновь восстали, но Кассий смог это подавить. Юлий Цезарь, в 49 году до н.э. послал 2 легиона в Сирию, для

Гомо Сапиенс

подчинения Иудеи и борьбы со своим противником Помпеем Великим. В ходе войны с Помпеем Великим Юлий Цезарь направился в Египет, надеясь на помощь иудеев, ненавидевших Помпея. Последний потерпел поражение и был убит.

Цезарь восстановил власть Клеопатры и провозгласил её царицей. Население Александрии и египетские войска восстали против Цезаря. Помощь последнему оказали Митридат Пергамский и правители Иудеи.

Наступала эра Ирода Великого. Он не был по рождению иудеем, был не любим народом, жесток, предан Риму, и при его правлении в Иудее происходили постоянные волнения.

В Риме эти проблемы в Иудее вызывали негативные реакции. Второй Римский Цезарь, Октавиан Август, победитель Марка Антония, в борьбе за власть простил верного друга Марка Антония — Ирода и даже утвердил его царем Иудеи.

Третий Римский Цезарь, Тиберий. В его правление в Иудее произошло событие, изменившее историю. Казнён Иисус Христос.

Четвёртый Римский Император, Калигула был явно неадекватен. Требовал почитания его как Бога на земле, установки его статуй во всех религиозных храмах. Иудея готовилась восстать, но Калигула был убит своей охраной в результате заговора.

Пятый Римский Император, Клавдий, дядя Калигулы, был отравлен грибами своей женой и племянницей Агриппиной (мать Нерона).

Шестой Римский Цезарь, Нерон. Убийца собственной матери, тиран и жестокий гонитель христиан. Именно Нерон отправил Веспасиана на подавление восстания в Иудее.

Наступала эра династии Флавиев

Гомо Сапиенс

Христианство

В римский период господства в Иудее там существовало множество различных религиозных групп, связанных общими взглядами на духовно-мистическом уровне в толковании Торы. Фарисеи – «избранные» — считались самым уважаемым и многочисленным братством. Партия саддукеев-эллинистов держалась особняком. Отдельным братством считались ессеи, выросшие из Кумранской общины. Они считали себя чисто мессианским братством, больше похожим на монашеский орден.

Отличалось от всех братств общество «ревнителей веры». Их чаще называли зелотами. Ревнители были убеждены в необходимости священной войны с оккупантами, римской властью. Только так можно приблизить приход Мессии, убеждали лидеры зелотов.

В Иудее происходили постоянные волнения и восстания.

Согласно новому летоисчислению, младенец Иисус появился в еврейской семье у непорочной Девы Марии в 1 год н.э.

В 525 году н. э. по поручению папы римского Иоанна I было произведено новое летоисчисление со дня рождения Иисуса Христа.

Иудеей правили ставленники Рима, наследники Ирода Великого. Трое сыновей Ирода Великого поделили власть в Иудее. Ирод Антипа получил во владение Галилею и Перею (область на восточном берегу Иордана). Ирод Антипа правил с 4 года н.э. по 39 год н.э. В истории остался как царь, который приказал арестовать Иоана Крестителя и отрубить ему голову.

Гомо Сапиенс

К Ироду Антипе римский прокуратор Понтий Пилат отправил арестованного Иисуса, поскольку последний как уроженец Галилеи был подвластен правителю этой области. Ирод Антипа отправил его обратно к Понтию Пилату. К этому времени Иисусу Христу исполнилось 33 года. Чем он занимался, и что было известно о нем к этому времени?

Первое упоминание о существовании Христа приписывается известному историку и писателю Иосифу Флавию (38-100 н.э.).

Фигура Иосифа Флавия, (Йосеф бар Маттйаху) очень неординарна и требует особого рассказа. Он фарисей и глубоко верующий иудей. Родился в религиозной семье потомков Маккавеев и первосвященников. В христианской литературе существует текст «Свидетельство Флавия». ... «В это время был мудрый человек по имени Иисус. Его образ жизни был похвальным, и он славился своей добродетелью; и многие люди из числа иудеев и других народов стали его учениками. Пилат осудил его на распятие и смерть; однако те, которые стали его учениками, не отреклись от своего ученичества. Они рассказывали, будто он явился им на третий день после своего распятия и был живым. В соответствии с этим он-де и был Мессия, о котором пророки предвещали чудеса».

Многие учёные и исследователи библейских текстов высказывали сомнения, считая этот текст позднейшей вставкой. В Иудее того смутного времени по стране бродило множество проповедников и пророков различного толка, предвещающих как близкий приход Мессии, так и конец света.

Был ли Христос исторической личностью или мифическим персонажем, хотя и имеет принципиальное значение для верующих христиан, но по сути после его человеческого или божественного появления христианство как религия уже существовало.

Шауль (3-67), священник из Тарса, убеждённый фарисей и гонитель христиан, получил прекрасное образование в равинистической академии. Лично с Иисусом не встречался. По дороге в город Дамаск Шауль получил видение и обратился в ревностного последователи Христа. Он стал апостолом Павлом. Учитель, организатор и устроитель церковной жизни. Горячо восставал против необходимости для язычников, ставших христианами, также соблюдать законы Моисея. Систематизировал христианское учение и проповедовал окончательное отделение от иудаизма. Некоторые считают, что он был предан жестокой и мученической смерти по повелению Нерона.

Евангелисты, с четырех писаний которых начинается Новый Завет, появились в 64-69 годах 1 века. Первым было евангелие от Матфея, копия, переписанная многими авторами. Церковь считает, что все 4 евангелия были написаны в 1 веке н.э., авторами: Матфеем, Марком, Лукой и Иоанном.

Все евангелия содержат историю жизни и проповеди Иисуса Христа. Матфей Левий был сборщиком налогов римской империи, который последовал за Иисусом Христом. Некоторые исследователи считают, что текст, скорее всего, принадлежит еврейскому христианину. Оригинал не сохранился, но существует греческий перевод, включённый в канон.

Евангелие от Марка, как и у всех евангелистов, включает описание жизни, проповедей и чудес совершенных Иисусом Христом. Как и все евангелия, оно сохранилось в переводе на греческий.

Евангелие от Луки, третье каноническое евангелие, начинающиеся с предсказания о рождении Иоанна Крестителя. Сохранилось, как и все остальные евангелия, в переводе на греческий.

Евангелие от Иоанна, свидетельствует, что Иисус Христос — сын Божий. Свидетельство о чудесах, вход в Иерусалим, Тайная Вечеря, распятие и погребение. Воскресение Христа.

Основной постулат (допущение, принимаемое без доказательств) евангелий — Христос воскрес после распятия. На этом постулате собственно и выстроена вся христианская религия. Поскольку Христос воскрес, значит — он был сыном божьим и Мессией. К сожалению, живых свидетелей его чудесного воскрешения не было. Правда, рассказывали, что две женщины, пришедшие на место упокоения, увидев его силуэт, в страхе убежали и никому ничего не сказали. От евангелистов мы знаем, что Христос являлся своим апостолам живым, пока его не забрали на небо.

В иудейской религии Мессия (Машиах, иуд.), помазанник— Спаситель народа Израиля. Христос — по-гречески — помазанник, мессия. Существовали в иудейской религии особые приметы, по которым можно было определить настоящий ли это мессия или очередной лжепророк. Он должен быть из дома Давидова, сыном божьим, прибыть в Иерусалим верхом на ослице. Он установит мир на земле. Праведные и нечестивые, каждый получит по делам своим. Наступит всеобщая справедливость и нравственное возрождение человечества.

Возможно, существовал такой человек по имени Иешуа, бродячий проповедник, казненный римской властью, утвердившей постановление синедриона. Он был обвинён в святотатстве за провозглашение себя Мошиахом (Сыном Божьим).

Его имя так бы и осталось неизвестным, как и имена многих других бродячих проповедников, но воскрешение сделало его Богом. Существует теория, согласно которой христианство как религия появилось в результате легенды, сочиненной при непосредственном участии римской власти. Тит Флавий, покоритель Иудеи, соправитель, сын и наследник Императора Веспасиана Флавия, привлек Иосифа Флавия к созданию альтернативной иудейской религии.

В литературе описывающей данную гипотезу, приводится множество фактов, подтверждающих эту теорию. Основная идея состоит в том, что, по рассуждениям Тита Флавия, народ, который предпочитает умереть, нежели отступить от постулатов предписанных религией, можно победить только дав ему новую веру и нового бога. Тит видел как иудейские священники, в то время, когда римские воины ворвались в Храм и вокруг лилась кровь и бушевал пожар, продолжали приносить жертвы своему Богу.

Создав подобную религию, можно управлять людьми без войн и армии солдат, необходимых для охраны границ. Риму, имеющему тысячи километров границ на захваченных территориях, приходилось держать огромные армии, участвуя в постоянных стычках, часто перерастающих в локальные войны.

Возможно, изначально новая религия предназначалась для постоянно восстававшей Иудеи. Иосиф Флавий бы идеальной фигурой для создания подобной религии. Рожденный в семье иудейских жрецов, знаток Торы, прекрасно владеющий греческим языком, историк и писатель, прошедший через три основные секты того времени, фарисеев, саддукеев и евсеев, он также провел три года в пустыне аскетом-отшельником. Флавий говорил, что его решение сдаться Веспасиану пришло с откровением свыше. Задача создания нового Бога и новой религии, могла быть по плечу только неординарному человеку, знатоку Торы. Но даже ему одному, такая гигантская задача была не по силам. Вероятно, множество людей трудилось над созданием нужной правящему Риму религии.

Мессия, сын Божий, мог быть принят при условии соблюдения всех правил прописанных в Торе. Распятие и затем Воскрешение сделало Иисуса Христа – Богом.

Тора наполнена различными пророчествами, связанными с приходом Мессии. Для создания новой религии требовался не воинствующий Мессия, а призывающий к добру, любви к ближнему и смирению. Иисус Христос проповедовал: «подставь другую щеку», «всякая власть от Бога», «кесарю кесарево»…

Среди множества иудейских сект, вероятно задолго до официального признания христианства, существовали секты последователей восточного персидского культа бога Митры. Этот культ был широко распространён в странах Ближней и Средней Азии. Можно проследить множество удивительных совпадений культа Митры с христианскими обрядами.

В найденных «Кумранских рукописях», найденных в 1947 в районе Мертвого моря, написанные задолго до появления Христа, рассказывается о существовании секты ессеев и о некоем учителе. Тексты рукописей удивительно совпадают с текстами «священного писания», написанных евангелистами в переводе на греческий язык. Разумеется, первыми христианами были иудеи. Также, как Иисус и его апостолы. Воспринималось христианство как еще одна секта иудаизма. Но, в отличие от иудаизма, где прохождение обряда гиюра связано со многими сложностями, христианином мог быстро стать любой человек, пожелавший принять эту религию. От прозелита (новый приверженец) требовалось пройти обряд крещения, а дальше просто верить во все религиозные постулаты. Отсутствие необходимости обрезания для мужчин, делало эту веру еще более привлекательной.

Возвращаясь к истории Иосифа Флавия, известно, что он, участвуя в восстании против римлян в 66-74 гг. н.э., командовал вооруженным отрядом иудеев, отправленным в Галилею. После поражения был арестован римлянами и предстал перед полководцем Веспасианом Флавием. Иосиф предсказал Веспасиану, что последний станет римским цезарем. Во время осады Иерусалима, Иосиф обращаясь к защитникам крепости, убеждал последних сдаться перед мощью римлян, чтоб избежать чудовищного поражения от римской военной мощи и полного уничтожения.

Веспасиан стал первым цезарем из династии Флавиев. Усыновленный Иосиф, получивший фамилию Флавий, стал гражданином Рима, был поселен в одном из поместий Флавиев, где смог написать свои знаменитые произведения: «Иудейские Войны», «Иудейские Древности», «Возражение против Апиона».

Иерусалим был полностью разрушен. Оставшихся в живых ждала ужасная участь рабов на чужбине.

Рим устроил Титу и Веспасиану, а также второму сыну Веспасиана, Домициану пышный триумф. Под аркой Тита в Риме провели побежденных пленников, несущих бесчисленные трофеи, захваченные в Иерусалиме. На ценности, захваченные в Иудее, Флавии построили огромный Колизей на месте озера Нерона.

Иудея продолжала восставать против римского господства. Восстание в 115-117 гг. назвали Второй Иудейской Войной. Восстание охватило Месопотамию, Египет, Кипр, Палестину.

Римская армия под командованием императора Трояна вела борьбу с Парфянской империей. Траян направил генерала Лузия Квиета, назначив его губернатором Иудеи.

Новый император Адриан отозвал и казнил Лузия Квиета. В Иудее оставался VI Железный легион, который позже противодействовал восставшим под предводительством Бар-Кохбы. Это восстание иудеев в 132-136 годах, поначалу принесло восставшим успех. Бар-Кохба был провозглашен Мессией.

Адриан вызвал из Британии полководца Севера. После трех лет борьбы в 135 году восстание было подавлено, и Бар-Кохба был убит. Адриан превратил Иерусалим в языческий город, запретив проживание в нем иудеев. Под страхом смертной казни было запрещено исполнение обрядов веры, преподавание и изучение законов Моисея. Адриан переименовал Иудею в Палестину, чтобы само слово «Иудея» исчезло навсегда. Иерусалим Адриан переименовал в Элию Капитолину и издал указ, по котрому евреи не имели право ступать на территорию города.

Вся последующая история иудеев — изгнания и страда- ния в течение долгих 2000 лет.

Как мы знаем, первыми христианами были иудеи вместе с Иисусом и его апостолами. Прозелитизм (обращение в веру) в иудаизме никогда не приветствовался. Скорее, это была закрытая для не иудеев секта, где становятся членами по крови материнской линии. А обязательное обрезание для мужчин отпугивало многих.

Обряд крещения можно было пройти даже в массовом порядке. Христианство не только активно занималось прозелитизмом, но его многочисленные миссионеры принудительно обращали в веру многочисленных язычников.

Константин Великий – римский император (306-337) — принял христианство, утвердив его как господствующую религию Рима.

В картине «Крещение Константина» последний стоит на коленях перед епископом, который совершает обряд крещения. Первый Никейский (Вселенский) собор Церкви был созван императором Константином в 325 году. Провозглашено окончательное отделение от иудаизма, выходным днем вместо субботы признано воскресенье. Принят канон о праздновании Пасхи, в день, отличный от иудейского.

Гомо Сапиенс

Аврелий Августин, более известный как Блаженный Августин (354-430), один из Отцов христианской церкви. Создатель системы христианской философии. В «Ответ Фавсту манихею»: «евреи виновны в крови Христа»…, «прокляты от земли»… «прокляты церковью»…», «сохранять свидетельства для верующих христиан, в каком порабощении заслуживают находиться те, кто в гордыне своего господства приговорили Господа к смерти»…», «отмечены Каиновой печатью».

Папа Иннокентий III (1198-1216) ввёл ношение евреями отличительного знака в одежде. Ношение отличительного знака на одежде для иудеев предписывалось многочисленными церковными указами и продолжалось множество столетий.

Гитлер в XX веке лишь продолжил эту традицию.

Мартин Лютер (1483-1546), отец реформации церкви, возмущенный отказом евреев принять его послание, разразился трудом «Евреи и ложь»:

1. Еврейские синагоги следует сжечь
2. Еврейские дома должны быть разрушены
3. Евреям следует давать работу слуг и лакеев
4. Еврейские деньги следует конфисковать
5. Евреев следует изгнать силой из их сообществ

Юрий Исаак, автор книги «Есть ли у антисемитизма христианские корни»: «Христианский антисемитизм является мощным стволом с сильными корнями, от которого (в христианком мире) растут все остальные виды антисемитизма, даже те, что имеют явно антихристианскую природу».

Ислам

Ислам, или мусульманство. Возникло в начале VII века в Западной Аравии. Так же, как иудаизм и христианство, основывается на «авраамической религии» монотеизма.

Проповедник ислама — пророк Мухаммед (571-632 н.э.).

В своих проповедях пророк Мухаммед очищал истинную веру в Единого Бога от искажений, внесенных иудеями, христианами и язычниками. Мухаммед был личностью исключительной, что стало причиной успеха ислама.

Ислам всегда был религией активного прозелитизма. Обращаемый произносил при свидетелях символ веры (свидетельствую, что нет Бога кроме Аллаха, и Мухаммед пророк его). Обрезание взрослого прозелита считалось необязательным.

Гомо Сапиенс

Гомо Сапиенс

Религия и ее роль в истории цивилизации

Основная роль религии, реализация и поддерживание особых символических культовых обрядов, призванных служить почитаемому образу. Религия выступала в роли носителя философии, искусства, истории, хранителя заветов прошлых поколений для передачи потомкам.

Любая религия базируется на вере в существование особых, сверхъестественных могучих сил, способных не только влиять на повседневное существование человека, но и на существование после физической жизни.

Религия давала глубоко верующему человеку, духовное благо, веру в бессмертие души, надежду и веру в светлое безмятежное существование. В ответ требовалось просто верить, соблюдать традиционные обряды и приносить соответствующие жертвы Богу через посредство служителей культа.

Служители культов сами становились собственниками ценностей, земли, имущества. Власть религиозная, освящая и поддерживая власть светскую, могла влиять на само существование власти, если последняя вступала в противоречие с духовенством.

Религия была самой серьёзной политической силой, имеющей почти безграничную власть. Нетерпимость к другим религиям или отступничество от канонов и религиозных догм каралось беспощадно и публично. В назидание другим бунтовщикам.

Христианство создало инквизицию, организовало крестовые походы, сжигало «ведьм» на кострах, уничтожало и преследовало всех, кто осмеливался сомневаться в могуществе христианского Бога и поклонялся другим, неправильным богам.

После смерти пророка Мухаммеда в 632 году, на Аравийском полуострове был создан Арабский халифат. Объединенные арабские племена двинулись на завоевание мирового господства. Ирак, Сирия, Египет, Персидская империя, Северная Африка, Византия, Месопотамия и Палестина попали под контроль Халифата.

Завоевания ислама распространились на Средний и Ближний Восток, Юго-Восточной Азии, Африки. В 711 году арабы вторглись на Пиренейский полуостров и двинулись дальше по Европе. Поражение при Пуатье приостановили продвижение ислама вглубь Европы.

Аль-Андалус — Мусульманская Испания (711-1492). Гренада – столица последнего эмирата на полуострове, была взята войсками Католических королей в 1492 году.

Османская империя – исламское государство, созданное в 1299 году тюркскими племенами Османа. Захватили Константинополь в 1453 году, переименовав последний в Стамбул. Османская империя вела бесчисленные захватнические войны.

В 1923 году, после подписания мирного договора, была создана Турецкая Республика, заменившая Османскую империю. В исламе нет четкой грани, разделяющей религию и право. Ислам руководствуется законами шариата (свод мусульманских религиозных, юридических и бытовых правил, основанных на Коране). Один из столпов ислама — духовный джихад (борьба за веру).

Исламизация – обращение в ислам населения, на территориях, захваченных в ходе арабских завоеваний.

Гомо Сапиенс

Завоевание Александра Великого (336-323 до н.э.) Персидской империи ознаменовало новую реальность в межгосударственых отношениях. Сильный и решительный полководец, даже значительно уступая в численности, может завоёвывать другие страны. Огромные богатства, накопленные за бесчисленное количество лет, можно просто захватить, победив в войне. Победитель получает всё. Проигравший становится данником, содержащим счастливого противника. Существует мнение, что Александр Македонский, познакомившийся с персидской религией Митры, подумывал о создании новой религии, соединив последнюю с греческой. Ранняя смерть помешала этим планам.

На смену Александру Македонскому пришла Римская империя. Создав мощную дисциплинированную армию, Рим двинулся на завоевание всех территорий, подчиняющихся диадохам Александра Македонского. Рим вёл беспрерывные войны и в Европе, стремясь подчинить варваров и сделать их данниками Рима.

Римская империя окончательно разделилась на Западную и Восточную в 476 году. Западная Римская империя пала.

Восточная часть Римской империи с центром в Константинополе просуществовала ещё почти 1000 лет, до 1452 года.

Цезарь Константин в 323 году, победив при Адрианополе, сделал христианскую церковь надёжным помощником монаршей власти. Византийская империя явилась прямым продолжением Римской империи на Востоке.

На Западе франкский король Карл Великий был коронован Римским епископом Львом III. В 962 году Оттон I Великий был провозглашен папой Иоанном XII императором Священной Римской империи. В Европе установилось христианство с католическим центром в Риме под главенством Папы Римского.

Восточная Римская империя, вследствие раздела, в 395 году провозгласила себя Византийской империей с христианским православным религиозным центром в Константинополе. Обращение в христианство Византийской империей было стандартной практикой по отношению к соседям-язычникам. Моравии, Болгарии, а позже и Киевской Руси.

Раннее Средневековье (XI-XIV века) отмечено завоеванием Англии герцогом Вильгельмом Завоевателем. В этот же период Швеция, Норвегия и Дания приняли христианскую веру. Крестовые походы, организованные христианами с целью отвоевания у мусульман захваченной Палестины, оказали мощнейшее влияние на все слои общества. Короли и императоры, крестьяне и священнослужители отправились на освобождение «Гроба Господня от неверных». Расцвет идеи крестовых походов пришелся на XII век.

Гомо Сапиенс

Позднее Средневековье (XIII - XV века) - открытие Америки

Мусульманские страны, объединённые Османской империей, препятствовали Европейским странам в торговле с Востоком. Поиски альтернативных морских путей привели к открытию Христофором Колумбом Американского континента. Для миссионеров христианской религии открылись невиданные возможности для обращения миллионов язычников в «правильною» веру.

В XIII веке из степей Дальнего Востока хлынули несметные полчища монголов, объединённых под предводительством Чингисхана. Его потомки захватили Китай, Корею, Бирму и вторглись в Индию. Еще при жизни Чингисхана начался поход на завоевание Средней Азии. Ходжент, Бухара, Самарканд и множество других крепостей-городов были разрушены. Население было подвергнуто жестокому насилию, выжившие попали в плен. После похода в Восточный Иран монголы приступили к завоеванию Кавказских государств. Пришел черёд и Крыма. На реке Калке произошла битва между объединенными русско-половецким войском и армией монголов. После длительных сражений, союзная армия потерпела поражение.

Монголы успешно завоевали территории Анатолии и двинулись на Ближний Восток. Багдад и Сирия выразили покорность завоевателям. В Палестине монголы захватили Самарию и Газу. Армия египетских мамлюков смогла нанести монголам поражение.

Потомки Чингисхана, собрав огромную армию (120-150 тысяч человек), двинулась на покорение Восточной и Центральной Европы. Башкирия и Волжская Булгария были завоеваны и включены в состав Золотой Орды. Хан Батый возглавил поход на Русь. Пали города: Рязань, Коломна, после долгого сопротивления Москва, Владимир, Переславль-Залесский, Тверь, Торжок, Козельск. Отказавшись идти на Новгород, монголы вернулись в южные степи для отдыха и откорма коней.

В последующие годы Золотая Орда не раз совершала набеги на Русь. В один из таких походов пал Киев. Монголы напали на Польшу, Венгрию, Хорватию, Сербию и Болгарию. Древней религией монголов был шаманизм. Значительная часть населения — неверующие. Золотая Орда (Монгольская империя) являлась тюркским государством. Образованию Османской империи способствовали завоевания тюрков-османов. Большинство современных тюрок — мусульмане. А также есть православные христиане, иудеи, буддисты.

Сегодня в России существует новомодная теория, отрицающая какое-либо существование монгольского ига на Руси, нашествия или завоевания татаро-монголами европейских территорий. Считается последнее, удачной попыткой скрыть истинные причины междоусобиц и гражданских войн за власть в стране.

Открытие Америки

Христофор Колумб — в надежде открыть торговые пути в Индию — на кораблях, снаряжённых испанскими Католическими королями, открыл путь к новым двум континентам, впоследствии названным Америкой (1492 год). Испанская корона по праву первооткрывателя объявила открытые земли своей колонией.

Великое географическое открытие положило начало новой эпохи – колониализму. Метрополия получила право на эксплуатацию людских и природных богатств с целью монополизации мировой торговли новыми уникальными ресурсами. Обретение бесправной рабочей силы. Эксплуатация природных богатств, бесплатный труд аборигенов в качестве рабов. Испанская колонизация принесла в центральную и южную часть Южной Америки католицизм и испанский язык. Богатства, хлынувшие рекой в испанскую казну, указали дорогу остальным.

Африка оказалась основным поставщиком рабов для работы на заокеанских плантациях. Рабов захватывали в боях либо покупали у местных князьков и в кандалах перевозили через океан. Затем продавали на невольничьих рынках.

Великобритания становится крупнейшей колониальной державой, подчинив Австралию, Индию, Гонконг, ведя Опиумные войны против Китая. Франция подчинила себе Алжир, Вьетнам, Камбодже, Лаос. Португалия подчинила себе Бразилию.

Гомо Сапиенс

В Северной Америке шла настоящая война за территории между Испанией, Англией, Францией, Нидерландами, Швецией. Имела свои колонии и Россия: Аляска, Форт Росс. Россия в позднее Средневековье занималась успешным покорением Сибири, Кавказа и Средней Азии. Все колониальные территории получили язык и веру колонизаторов.

Открытие Америки (1492 год) явилось новой вехой в истории человечества. Оно изменило мир навсегда, а результаты можно было наблюдать в течение многих столетий.

Активное освоение новых территорий потребовало мощного развития кораблестроения. Приток значительных объемов серебра и золота способствовал кардинальным изменениям в мировой торговле. Стремительное развитие различных отраслей в науке и технике. Новые продукты и новые товары оживили торговлю и сельскохозяйственное производство.

Главные сдвиги в общественном сознании — это новое устройство общества. Свободное, построенное на совершенно иных принципах, равноправное и независимое общество создало основной закон США, Конституцию (1787 г.), продекларировавшую равные права для всех: правосудие, жизнь, свобода и право собственности.

Декларация независимости США (1776 г.) документ, в котором британские колонии в Северной Америки объявили о независимости от Британской короны. Провозглашенные права и свободы оказали сильнейшее влияние практически на все человечество. В Америку потянулись все, кто искал социальных, религиозных, расовых, национальных, гендерных и прочих свобод. Среди новых иммигрантов было множество авантюристов разных мастей, аферистов и проходимцев, но основную массу переселенцев составляли те, кто хотел найти свободу, работу, возможность строить свою жизнь; предприниматели, жаждущие создавать новые материальные ценности и готовые тяжело и упорно работать с риском потерять все при неудаче. Именно они создали богатство страны, которая сделала США самой могущественной державой планеты.

Гомо Сапиенс

Американская экономика является основой глобальной финансовой системы. Валютой США производятся межгосударственные расчёты. Военное превосходство вооружённых сил неоспоримо на мировой арене. Соединенные Штаты тратят на финансовую помощь другим государствам больше всех в мире, таким образом обеспечивая влияние и сотрудничество стран, нуждающихся в этой помощи.

Конституция США, созданная «отцами-основателями», за многие столетия доказала прочность государственных институтов и верховенство закона. США являются неоспоримым лидером в разработке и применении новейших технологий, современной добыче нефти и газа, исследований и разработок во многих научных областях. США — сверхдержава, обладающая превосходящей военной, экономической и политической силой.

Гомо Сапиенс

Гомо Сапиенс

Демократия

Демократия (от греч. народовластие) – коллективное принятие решений при равноправном участии процесса приёма этих решений. Еще в школе мы изучали историю государств с демократической системой управления: от Афинской до социалистической. Само понятие «демократия» интерпретировалось более чем широко. В определениях демократии всегда затрагиваются вопросы равенства, принципов участия народа (демос — греч.)в принятии политических решений, религиозных и других прав человека, плюрализма и права на самоопределение.

В Греции женщины и рабы не имели политических прав. В городах-государствах полнотой власти обладало собрание граждан. Различные исполнительные должности назначались по жребию или были выборными.

Римская империя явилась прообразом государства с выборным правительством, произведя образец для Западной цивилизации. Римская аристократическая республика предоставляла права народному собранию. Оно выбирало должностных лиц, принимало законы, объявляло войну или заключало мир. В реальности власть принадлежала богатым патрициям, подкупавшим избирателей для победы на выборах.

Причины гибели Западной Римской империи – демографическое вырождение, связанное с кризисом института семьи, и замена её населения переселявшимися на её территорию варварами. Историки античного Рима: "Безбрачие и отсутствие детей становилось всё более обычным... Среди женатых, дети считались обузой... В результате основная составляющая населения Италии сокращалась, и её провинции частично заселялись варварами и приходили в запустение". Со временем варвары нанялись в армию, и последняя разграбила и разрушила Рим.

Едва ли не самым главным завоеванием человечества является свобода выбора. Свобода, Равенство, Братство(1799) – национальный девиз Великой Французской Революции(1789). Это был ответ абсолютизму, его лозунгу «Бог, Король и Отечество».

В этом триединстве лишним словом было «Король». Отказаться от веры в Бога и отвернуться от Отечества люди ещё не были готовы. Хотя уже существовали атеисты (отказ от веры в Бога), но это было скорее исключение.

Атеисты утверждали, что вера во всевозможных богов, духов, загробную жизнь, сверхъестественные силы — самообман. Отсутствие каких-либо эмпирических или физических доказательств сопровождается свободой мысли, научного скептицизма и свободой убеждений.

Монархическая Европа, потерпев поражение в войне против северных колоний в Америке, стала терять свое влияние и в остальных колониях по всему миру. Пример союза 13 свободных штатов и американская декларация независимости не могли не оказывать влияние на умы живущих в монархических странах людей. Идеи утопического государственного устройства с равными возможностями для всех слоев населения появлялись в различных странах. Великая Французская Революция, возглавляемая якобинцами, провозгласила первую французскую республику. Король Людовик XVI (1792) был смещен. Национальный конвент постановил, что монархия во Франции отменяется. Король был судим и приговорён к смерти. На площади Революции ему отрубили голову. Экономика страны от этого революционного акта не улучшилась, и, естественно, начались волнения. Борьба за власть между жирондистами и якобинцами закончилась победой последних. Гражданская война бушевала в большинстве департаментов страны. Прусские, австрийские, испанские, а затем и английские войска вторглись в страну. В разрушенной стране были созданы «хранилища изобилия». Издаётся декрет о «максимуме» на хлеб, контроль цен и заработной платы. Следующий шаг — создание армии, аресты подозрительных и чистки комитетов. Новый Конвент издавал декреты, развивая централизованную диктатуру, основанную на терроре. Все материальные и пищевые ресурсы реквизировались, предприятия национализировались.

В 1795 году начались большие политические процессы. Королева Мария-Антуанетта была отправлена на гильотину. Казни и массовые расстрелы применялись потому, что гильотина работала недостаточно быстро. Репрессии носили явно выраженный классовый характер. Католические храмы закрывались, и священники репрессировались. Дантон и другие видные дантонисты были казнены. Робеспьер, Сент-Жюст и другие были казнены без суда (1794). Восстали роялисты, и был привлечен молодой генерал Наполеон. Восстание было подавлено. Казни и террор продолжались.

Объединённые коалиционные войска: Британские, Австрийские, Неаполитанские, Шведские, Российские и Турецкие были готовы начать вторжение. Прибывшего в Париж Бонапарта, приветствовали как спасителя. Бонапарт распустил Директорию и провозгласил Консулат, с ним самим во главе. Подавив все политические свободы, Бонапарт реорганизовал управление сверху донизу, сделав последнее строго централизованным. Бонапарт был признан пожизненным консулом, а в 1804 коронован как император.

Наполеоновские войны (1800-1815) перекроили карту Европы. Скорее, это были войны за экономическое господство.

Гомо Сапиенс

Любая война приносит опустошение и разруху. Существует и другое мнение, что война двигает прогресс и экономику. Однако массовые потери в живой силе неизбежны. Но какие полководцы об этом думают?

В 1814 году союзные войска (российская армия являлась ядром союзных войск) вступили в Париж. Наполеон отрекся от престола и был сослан на остров Эльба. Вскоре бежал и снова восстановил свою власть. Был разбит при Ватерлоо и отправлен на остров Св. Елены.

Последствия французской революции, наполеоновские войны и, естественно, свободы, завоеванные североамериканскими штатами, не могли не взбудоражить жажду свободы и желание свергнуть монархический строй, заменив его на республику со всеобщим равенством.

XX век

Этот злосчастный век стал самым кровавым в истории человечества. Германия жаловалась на недостаточность жизненного пространства и дефицит продовольствия для растущего населения. Образовавшиеся два военных блока государств Европы искали повод для войны.

Первая Мировая Война (1914-1918) началась с убийства австрийского эрцгерцога Франца Фердинанда. Два противоборствующих лагеря приступили к военным действиям. Германия, Австро-Венгрия, Османская империя и Болгарское государство против Британской империи, Российской империи и Французской республики.

Погибших военных и гражданских с обеих сторон — около 20 миллионов. Раненых, изуродованных около 55 миллионов. Результат: социалистические революции в России (1917) и в Германии (1918). Развалились империи: Российская, Австро-Венгерская, Османская и Германская.

Гомо Сапиенс

Социал - демократические движения в XIX - XX веках

К началу XX века в большинстве стран Европы и в Северной Америке установился индустриальный капитализм. Обострились социальные проблемы, и усилилось рабочее движение за демократические преобразования. Восстания, революции, национально-освободительные движения инспирировались объединённой международной организацией социалистических партий — Интернационал.

Повсюду вели пропаганду социал-демократические партии различного толка и выходцы из различных стран. Стачки, демонстрации, забастовки и стычки с войсками. Марксистские идеи распространяются среди рабочих. Появилось множество выходцев из всех слоёв общества, примкнувших к социал-демократическому движению, а то и возглавивших его.

В России А. Ульянов со товарищи приобрели взрывчатку и готовили покушение на царя. Заговор раскрыли, пятеро заговорщиков были повешены. Юный брат А. Ульянова, Владимир поклялся отомстить за брата. В Женеве и Цюрихе многочисленные политические эмигранты-революционеры из России, они представляли из себя разрозненнее группы. Велась революционная пропаганда, направленная на экспорт в Россию. Издавались газеты, печатались листовки, доставлявшиеся доверенными курьерами, готовились свержение царя и революция.

Царь Николай Второй подписал указ об отречении от престола. Власть перешла в руки Временного правительства до выборов Учредительного собрания.

Радикальное крыло Российской социал-демократической рабочей партии (большевики), пошли на разрыв с отечественными леворадикальными течениями. Это радикально-экстремистское течение заключило тайный договор с немецким Генеральным штабом о доставке группы революционеров в 1917 году в Россию, транзитом через нейтральные страны, в опломбированном вагоне. Получали ли они при этом какие-то суммы наличными в валюте? Это остается недоказанным.

В России произошел Октябрьский переворот, и страна вышла из войны, заключив сепаратный мир с Германией в Брест-Литовске. Россия повторила весь путь Великой Французской революции — со всеми её кровавыми ужасами и гражданской войной, террором и разрухой. После смерти Ленина власть демократическим выборным путем перешла к Иосифу Сталину. Этот параноидальный восточный деспот и убийца пробыл у власти 30 лет, соблюдая видимость демократических выборов. Он повинен в уничтожении большего количества людей, чем Россия потеряла в Первой и Второй Мировых войн вместе взятых. Никому не доверяющий интриган доверился лишь одному человеку, Гитлеру. Это доверие базировалось на простом расчёте. Такая дружба выгодна обеим государствам. Объединившись против враждебной Европы, Германия и Россия могла господствовать во всем мире. Немецкие офицеры обучались в российских военных академиях, проводились совместные армейские учения. Отрабатывались сражения за захват территорий на Кавказе. Вплоть до первого дня войны через границу шли эшелоны с грузами для Германии. Нефть, уголь, руда, металлы, зерно и прочие, столь необходимые Германии товары.

Пакт о ненападении, так называемый пакт Молотова- Риббентропа, дополнительно содержал секретные протоколы о разделе влияния в Европе.

Согласно секретным протоколам договора Молотова- Риббентропа в 1939 году СССР ввёл войска в Польшу. В том же году СССР напал на Финляндию, рассчитывая на лёгкую победу. Но финны под командованием генерала Маннергейма, построившего оборонительные укрепления, названные «Линией Маннергейма», оказали жесточайшее сопротивление. Советские войска захватили 11% территории Финляндии. Последняя была вынуждена принудительно переселить 30 тысяч жителей вглубь страны.

Не ожидая вероломного нападения от «друга» 22 июня 1941 года, Сталин первые дни войны прятался от всех, ожидая ареста. Объявление о нападении на СССР, читал Молотов. В первые дни войны вооружённые силы вермахта вошли вглубь территории страны и к октябрю месяцу находились в 30 км от Москвы.

В 1941 году были убиты, отрезаны и захвачены в плен более 4 миллионов человек. Бездарный главнокомандующий перед самой войной обезглавил армию. С маниакальной подозрительностью, опираясь на дезинформацию немецкой разведки, арестовывались и расстреливались лучшие и испытанные командиры высшего звена.

Веймарская Республика — так называлась Германия в 1919 — 1933 годах. На основании Версальского мирного договора побеждённая Германия должна была выплачивать странам-победителям репарации за нанесённый войной ущерб. Германия была обязана передать победителям весь морской флот и значительные территории. Националисты хотели пересмотра унизительного мирного договора. Огромные суммы репараций тяжким грузом давили на экономику страны. Немецкая марка обссцснилась. В 1929 году разразился мировой экономичсский кризис. Требовались жестокие ограничения на все социальные программы.

На проведенных демократическим путем парламентских

выборах 6 миллионов голосов получила национал-социалистическая рабочая партия Германии. Гитлер стал рейхсканцлером.

В истории не существовало подобного преступника, жесточайшего диктатора, воплощения зла, повинного в преступлениях против человечества. Ярко выраженный параноидальный психопатический типаж, он испытывал постоянную ненависть, особенно проявившуюся по отношению к евреям. Доводя себя во время выступления до полного исступления, он вводил толпу в гипнотическое состояние. Обезумевшие женщины, обожавшие своего фюрера, протягивали ему детей, предлагали себя, готовые отдать за него жизнь.

Обожавшие всякие мистические зрелища нацисты устраивали ночные факельные шествия, военные парады, народные пивные с шумными гуляниями. В «хрустальную ночь» громили витрины магазинов, принадлежавших евреям. В «ночь длинных ножей» расправлялись с сотоварищами, которые помогли Гитлеру прийти к власти (группа Рёма).

Как случилось, что такой абсолютно неадекватный типаж смог изменить нацию, превратив добрых, сентиментальных, образованных людей в садистов, жестоких убийц женщин, детей, стариков, больных, немощных и всех остальных, по выражению Фюрера, «недочеловеков»? Куда делось христианское смирение и доброта? Немцы, которые водили хороводы в Рождество вокруг разукрашенной ели, со слезами на глазах распевая: «O, Weihnahtsbaum, O, Weihnahtsbaum...»?..

Национал-социалисты подхватили термин «арийцы» (индоиранский язык) и прилепили его к термину «нордическая раса». Идеология нацистов как наследников чистой «арийской расы» и носителей «арийского духа», которому принадлежат все достижения европейской культуры... Хотя в иудаизме говорится о том, что немцы — наследники персидских племен, переселившихся в Европу много тысячелетий назад. Арии – древние народы Индии и Ирана, приносившие жертвы своим богам, силам природы.

Гомо Сапиенс

Объяснение этой немыслимой жестокости и жажды убийств невинных людей скорее лежит в области патологии, связанной с новой религией. Отринув христианство, Гитлер пропагандировал теорию превосходства новой расы над «недочеловеками».

Гитлер был ярким оратором: «Немецкий народ, я спрашиваю у тебя, нужна ли тебе тотальная война? Я сам отвечу, да нужна!»... Далее он упрекал несправедливую судьбу, которая наделила немцев-арийцев, трудолюбивых и талантливых, небольшой территорией. В тоже время, ленивые и бездарные славяне обладают огромными территориями, которыми они попросту не пользуются. Эта несправедливость должна быть исправлена. Каждый немец получит огромный земельный надел и тупые и невежественные славяне должны будут работать на немца-хозяина.

Такая пропаганда не могла не действовать на сонных бюргеров, которым теперь предлагалось стать владельцами земель и рабов. Тем более что всю ответственность и угрызения совести фюрер брал на себя.

Гитлер был участником Первой Мировой Войны, попал под разрыв химического снаряда. Был отравлен газом, лежал в психиатрическом отделении лазарета. Он мечтал отомстить всем за позорное поражение, особенно французам. Различные ограничения, наложенные на Германию Версальским договором, не позволяли Германии открыто вооружать армию, но милитаристские устремления и желание подчинить Европу, привели Гитлера к сговору со Сталиным о тайном союзе. Гитлер ненавидел коммунистов, и в Германии их жёстко преследовали и сажали в тюрьмы. Сталин разумеется знал об этом, но союз с Гитлером был слишком важен для него, чтоб думать о каких-то там заключенных. Гитлер подыгрывал ему во всем, не желая получить войну на два фронта. Сначала он хотел отомстить всем союзникам, поставившим Германию на колени.

Вскоре после прихода к власти Гитлер объявил о частичном выходе Германии из Версальского договора. В 1938 году была аннексирована Австрия. В том же году была аннексирована часть территории Чехословакии – Судетская область. А в 1939 году была оккупирована и остальная часть Чехии. После аннексии Литвы пришел черёд Польши. Союзники Польши, Англия и Франция, дали Германии резкий отпор. Согласно секретным приложениям к договору Молотова-Риббентропа, войска Германии и Советского Союза вторглись на территорию Польши. Это стало началом Второй Мировой Войны. В 1940 году Германия оккупировала Норвегию, Данию, Голландию, Люксембург, Бельгию и вторглась во Францию. Последняя капитулировала. После захвата Греции и Югославии пришел черёд СССР.

На оккупированных территориях был установлен жесточайший «немецкий порядок». Были уничтожены многие миллионы людей.

Гитлер Покончил с собой в мае 1945 года.

Бенито Муссолини – дуче, диктатор, вождь итальянских фашистов. Социалист-марксист, жаждал преобразовать систему современной Италии. Одержимый идей возрождения Римской империи, отказался от идей социализма. Создал Национальную Фашистскую партию. Был демократическим путем избран в парламент. В 1922 году во главе фашистской партии организовал поход на Рим. Муссолини становится диктатором. Вступает в коалицию с Гитлером. Арестован британскими войсками, вошедшими в Италию в 1943 году. Позже был казнён.

Франсиско Франко, каудильо Испании в 1939-1975 годах. Организовал военный переворот в 1936 году, что привело к гражданской войне между республиканцами и националистами (1936-1939). Победив республиканцев, установил авторитарный режим.

Получил титул Каудильо – «вождь». Был присвоен чин генералиссимуса. Установил связь с нацистской Германией и фашистской Италией. После окончания Второй Мировой Войны Франко оставался во главе Испании.

Вторая Мировая Война 1939-1945 годов отбросила экономику Европы на десятки лет назад.

Гомо Сапиенс

Гомо Сапиенс

Европа после Второй мировой войны

Генерал-полковник Иодль, от имени правительства Германии подписал акт о безоговорочной военной капитуляции (07.05.1945). Германия была оккупирована войсками стран победительниц: СССР, Великобританией, Францией и Америкой. Соглашение союзных держав предусматривало создание четырех зон оккупации. Впоследствии из этих зон образовались два государства – ФРГ на западе и ГДР на востоке.

Побежденная Германия лежала в руинах. Уничтожение транспортной инфраструктуры привело страну к экономической изоляции. Миллионы людей остались бездомными. Без финансовой помощи извне, восстановление хозяйства страны было невозможно.

Ликвидация последствий и разрушений войны потребовала восстановления экономики. План Маршалла (программа восстановления Европы после второй мировой войны), был предложен государственным секретарем Джорджем Маршаллом в 1947 году. Опасаясь усиления влияния коммунистов в послевоенной Европе, план был направлен на восстановление экономики, модернизацию промышленности, устранение торговых барьеров и развитие Европы. Сумма ассигнований составляла около 13 миллиардов долларов.

СССР и созданные буферные социалистические государства (Страны Варшавского Договора) от участия в реализации плана Маршалла отказались. Германии, в соответствии с планом Маршалла, за 4 года было выделено 3,12 миллиарда долларов. Канцлер Германии, Людвиг Эрхард считался создателем «новой Германии». Последняя так быстро поднялась из руин, что это называли «Немецкое чудо». Появившаяся дойчмарка (1948), впоследствии стала одной из самых стабильных валют мира.

Гомо Сапиенс

Европейский Союз

Идея создания общего европейского союза особенно громко стала звучать после Второй мировой войны. Союз был юридически оформлен Маастрихтским договором в 1992 году. 28 стран вошли в это экономическое и политическое объединение.

При всех очевидных выгодах такого мощного объединения европейских стран, возможно в подражание США, подобное объединение «богатых» и «бедных» стран выявило массу противоречий. ЕС не благотворительная организация. Её бюджет выражается в миллиардах евро. Бюджет формируется из взносов стран участниц (и не только). Понятно, что «богатые» платят больше, правда, утверждается, что они же извлекают больше выгод от общего рынка.

Но разногласия и внутренние проблемы стран-участниц, говорят о кризисе столь непропорционального союза. Первый и серьёзный конфликт произошёл после референдума в Великобритании, где большинство проголосовало за выход из Евросоюза (Brexit). Последствия выхода Великобритании еще предстоит оценить в полном объёме.

Потрясший Европу миграционный кризис, внёс раскол между Центральной и Восточной Европой. Продавленные Германией, при поддержке Франции, обязательные квоты при приёме мигрантов, вызвали бурные протесты и возведение кордонов и границ. Несмотря на штрафные санкции и угрозы, большинство восточноевропейских и прибалтийских стран отказываются выполнять постановления ЕС. Союз испытывает экономические проблемы. Курс национальных валют, доходы на душу населения, конкуренция за место в Европейском парламенте, проблемы национальных языков и национальные конфликты, все это только добавляет нарастанию проблемы выживания Евросоюза.

Канцлер Германии Ангела Меркель, возглавившая движение за привлечение мигрантов из Африки и арабских стран, сегодня уже признает, что такие «распахнутые двери» были ошибкой. Возможно госпожа Меркель и ей подобные толерантные демократы предполагали, что вновь прибывшие облагодетельствованные мигранты заполнят малооплачиваемые и непрестижные рабочие места. Улучшат демографию старушки-Европы, теряющей население. Дети мигрантов должны будут получить престижные профессии и стать будущей интеллигенцией, голосующей за демократическое представительство в органах власти объединенной Европы. Ведь так же случилось в США, куда в XVIII — XIX веках хлынули волны иммиграции, несущие множество бедного люда, ищущего работу и новые возможности. Именно они сделали Америку столь могущественной и процветающей.

Но европейские господа толерантные демократы ошиблись. Волны Средиземного моря выплеснули на европейские берега мигрантов не ищущих тяжелую, малопрестижную работу. Они прибыли за благами, которые предоставляет европейским гражданам объединенный, демократичный Европейский Союз.

Мигранты требуют равных прав на пособия, жилища, медицинское обслуживание, возведение новых религиозных храмов и введение законов шариата в местах комплексного проживания. Они ничего не просят, они требуют, устраивая шумные шествия и сборища. Они громят стекла витрин и жгут автомобили. Они дерутся с полицейскими и прячут террористов. Они превратили спокойную и тихую Европу, в ночной кошмар, где перепуганные жители опасаются за свою жизнь.

Есть ли будущее у Европы? Сегодня вряд ли кто-то может с уверенностью это утверждать.

Гомо Сапиенс

США и радикальные демократы

Эту страну чаше называют просто Америкой. Мало найдется людей, которые не хотели бы быть гражданами этой страны. Могущественный оплот демократии и равноправия людей всех рас, пола, возможностей, религиозных и сексуальных предпочтений.

Демократическая партия США, старейшая партия страны. Её символом является осел. 44-й Президент Обама являлся пятнадцатым выбранным демократом-президентом. Был явным радикалом, но, опасаясь не быть избранным, позиционировал себя центристом. Основатель партии Томас Джефферсон, вероятно, перевернулся бы в гробу, узнав как далеко влево ушла партийная идеология.

В XIX веке демократическая партия, отражая интересы южан, выступала против отмены рабства и выступала за расовое разделение. После проигрыша в Гражданской войне почти сорок лет партия находилась в упадке.

Республиканская партия основанная Авраамом Линкольном зачастую преобладала в законодательных штатах, Сенате и Конгрессе.

В 1963 году был убит харизматичный и популярный демократический лидер Джон Кеннеди. Заменивший его Линдон Джонсон, завязнувший в войне во Вьетнаме, проиграл выборы 1968 года.

Никсон получил 43,4% голосов, победив демократа Хэмфри. Никсон победил и в 1972 году. В 1976 году Ричард Никсон ушел в отставку в связи со скандалом «Уотергейт». Победу с небольшим преимуществом одержал малоизвестный политик демократ Джимми Картер. Последний не пользовался большой популярностью и проиграл 40-му Президенту США Рональду Рейгану.

Последний, хотя и вышел из среды Голливуда, но всегда интересовался социальными вопросами и политикой. Был радиоведущим, профсоюзным деятелем и 33-им губернатором штата Калифорния. Убежденный республиканец, хотя поначалу состоял в Демократической партии, назвавший СССР «Империей зла» и подготовивший развал последней. Выступал за снижение контроля государства над экономикой и боролся с высокими налогами федерального правительства. Рональду Рейгану принадлежит цитата: «Правительство не является решением проблем, правительство само является проблемой».

Рейгановская экономика (которую демократы презрительно назвали «рейганомикой») принесла стране подъем и процветание. Федеральный подоходный налог снизился (верхний уровень — с 70% до 28%). Пробыв два срока в Белом Доме Рональд Рейган уступил кресло президента своему вице-президенту Джорджу Бушу старшему.

При Буше старшем произошло падение Берлинской стены (1989) и спустя два года развал СССР. Буш совершил нелепую ошибку, а скорее, проявил слабость: подписал закон о повышении налогов, хотя перед этим клятвенно заверял избирателей: «Читайте по моим губам, нет новым налогам». Подписав закон о повышении налогов, он совершил политическое самоубийство и проиграл выборы никому не известному губернатору штата Арканзас, Биллу Клинтону.

Не соверши Джордж Буш старший своей трагической ошибки, возможно вся дальнейшая история США сложилась бы иначе.

Гомо Сапиенс

Но, как говорится, история не имеет сослагательного наклонения.

Во время президентских дебатов (1992), Джордж Буш старший, уже явно понимающий свое поражение, уныло обращался к аудитории: «Он придёт за вашими кошельками». Но его уже никто не слушал. Молодой, энергичный, улыбающийся кандидат, умеющий долго и красноречиво владеть вниманием аудитории, легко раздавал обещания, которые даже не собирался выполнять.

Во время президентских дебатов большая часть страны напряжённо наблюдала по телевидению прения сторон. В одном из баров в районе Уолл-стрит я разговорился с молодым человеком, который, судя по разговору, был сторонником Буша старшего.

— Как ты думаешь, может этот человек, говорящий, как любой социалист в России, во время выборов дающий лживые обещания, может выиграть у Буша?

— Я даже не сомневаюсь, хотя бы потому, что Буш солгал американскому народу.

— Да, это так. Но как можно такого типа, как Клинтон подпускать к власти?

— Америка сильная страна. Она легко перенесёт 4 года правления такого, как Клинтон.

Мы были молоды и наивны. Действительно, что можно сделать с такой страной как Америка.

Билл Клинтон, претендент от Демократической партии, стал 42-м президентом США. С приходом в Белый Дом супружеской пары Клинтонов начались кардинальные изменения. Основная идея новых хозяев Белого Дома, необходимость перемен и смена поколений в руководстве страны. Привлечение к власти молодых людей, разделяющих принципы демократов и осознающих «новую ответственность». Хиллари Клинтон была назначена главой специальной комиссии по реформам здравоохранения. Предложенная Клинтонами реформа потерпела катастрофическую неудачу.

В 1996 году тандем Клинтон-Гор успешно выиграл второй срок президентства. Министр обороны получил распоряжение о подготовке приказа, отменяющего запрет на прием гомосексуалистов в армию. Критика республиканцев, военных и части демократов заставила Клинтона отменить данное решение, но выход был найден. Новый указ запрещал спрашивать вступающих в вооружённые силы о сексуальной ориентации. Этот указ получил название «не спрашивай, не говори».

В 1998 году разразился грандиозный сексуальный скандал Клинтон-Левински, связанный с 49-и летним президентом и 22-х летней сотрудницей Белого Дома, Моникой Левински. Попытку импичмента, дачу ложных показаний под присягой, препятствование правосудию – обсуждала вся страна. Билл Клинтон отделался лишением лицензии на юридическую практику и оштрафован на $90.000 за дачу ложных показаний. Хиллари Клинтон поддерживала своего мужа на протяжении всего скандала, заявив: «...против моего мужа... существует широкомасштабный правый заговор».

Телевизионное шоу-позорище о президенте страны обсуждала вся страна, под присягой утверждавшего об отсутствии сексуальных контактов со стажёркой в Белом Доме. Знаменитое «платье Левински» со следами спермы президента вынудило конгресс предпринять попытку процесса импичмента за дачу ложных показаний и неуважение к суду. Скандал под названием «Моникагейт» обсуждался практически во всех изданиях СМИ. Палата представителей Конгресса США оправдала Билла Клинтона по всем пунктам акта об импичменте, оставив последнего в должности президента США. Уличенный во лжи, Билл Клинтон сделал заявление по национальному телевидению, признав отношения с Моникой Левински и охарактеризовав их как «неподобающие».

Помимо скандала с Моникой Левински, еще несколько женщин заявили о неподобающем поведении Билла Клинтона, когда он был в должности губернатора штата Арканзас.

В августе 1988 США нанесли ракетные удары по афганским базам Аль-Каиды. Средства массовой информации обвинили президента в использовании атак, как отвлекающий маневр от сексуального скандала. Незадолго до этого вышел фильм, который можно перевести как «хвост вертит собакой», в котором вымышленный президент США выдумывает войну в Албании, чтоб отвлечь внимание от сексуального скандала. Администрация эти слухи опровергала.

В марте 1999 авиация НАТО во главе с США начала массированные бомбардировки Югославии. Сухопутные войска НАТО вошли на территорию Сербии.

Хиллари Родэм Клинтон – супруга Билла Клинтона. Получила степень доктора права в 1973 году. По мнению многих являлась самой влиятельной Первой Леди в истории Белого дома. Амбициозная, финансово независимая Хиллари принимала активное участие в политической жизни страны.

Про Билла Клинтона бытовала шутка, называвшая его Биллари. Другой анекдот рассказывал о президентской паре следующее: «Билл и Хиллари подъезжают на заправку машин.

Хиллари: «Видишь парня, заправляющего автомобили? Был когда-то мой бойфренд».

Билл: «Видишь, сегодня ты Первая Леди, а если бы вышла замуж за этого парня, работала бы на заправке автомобилей».

Хиллари: «Если б я вышла за этого парня, он сегодня был бы президентом страны, а ты работал бы на заправке"».

Хиллари возглавляла комитет по реформированию системы здравоохранения. Попытка потерпела неудачу. Пришлось уйти в отставку с этого поста. Но амбиции толкали эту энергичную женщину искать возможности вернуться на вершину пирамиды. Поскольку репутация Била Клинтона была подорвана, и многие женщины считали его лжецом и сексуальным беспринципным «охотником», Хиллари приняла на себя решение карьерных проблем. Дальше мы можем только гадать, что было решено на семейном совете и как это решение претворялось в жизнь. Для Билла Клинтона после окончания второго срока полномочий президента (2000 г.) будущее представлялось туманным. Возвращаться в захолустный Арканзас, после 8 лет в Белом доме желания явно не было. Хиллари мечтала вновь стать хозяйкой Белого Дома, но, не имея политического опыта, на победу в президентской гонке рассчитывать не приходилось. Вероятно, было решение выдвинуть Ала Гора как следующего президента, и параллельно Хиллари будет баллотироваться в Сенат США.

Баллотироваться от штата Арканзас могло быть проблематичным, и чета Клинтонов меняет место жительства на штат Нью Йорк. По слухам, «друзья» Клинтонов скинулись и купили им дом в дорогом пригороде Нью Йорка. Став жителем штата в 2000 году Хиллари Клинтон избирается сенатором от штата Нью Йорк. Ал Гор проиграл в тяжелой борьбе за президентское кресло Джорджу Бушу младшему. Ал Гор оправдывал свое поражение плохой репутацией Билла Клинтона, своего бывшего босса, и неудачной работой Хилари Клинтон над всеобщим медицинским страхованием, которое прозвали «Хилларикер». Сама Хиллари уверенно выиграла перевыборы в Сенат в 2006 году.

Приближалось начало президентской гонки 2008. Хиллари являлась одним из самых известных кандидатов от демократической партии. Многие избиратели относились с подозрением к паре, их подозревали в непотизме (коррупции) и мафиозном засилье узкого круга крупного капитала. Хиллари попыталась изменить свой публичный образ холодной и расчетливой леди на более мягкий, материнский. Новый кандидат Барак Обама вступил в гонку. Демократы поддержали Обаму, и Клинтон была вынуждена заявить о поддержки кандидатуры Обамы.

После победы Барака Обамы на президентских выборах 2008 Хиллари Клинтон был предложен пост Государственного секретаря США (министр иностранных дел).

Гомо Сапиенс

Барак Хусейн Обама 44-й президент США (2009 — 2016). Родился в 1961 году в Гонолулу, Гавайи США. Во время его двух президентских сроков ходили упорные слухи о возможной подделке сертификата о рождении и, следовательно, отсутствия у него права быть избранным на должность президента США. Злые языки также утверждали, что Барак Хусейн Обама тайно исповедует ислам, хотя и представляется протестантом-христианином. Отец – Барак Хусейн Обама-старший, кениец. Мать – Стенли Энн Данхем, насчитывала среди своих предков англичан, шотландцев, ирландцев. Родители Обамы развелись, и мать вышла снова замуж за индонезийца – Лоло Сутро. Семья уехала в Джакарту, Индонезия. Когда Обаме исполнилось 10 лет он вернулся в Гонолулу, где жил у родителей матери.

В своей книге «Мечты моего отца», Обама вспоминал о своем детстве. Во время президентской избирательной кампании, он признался, что в школе курил марихуану, принимал кокаин и алкоголь, охарактеризовав это как свое самое низкое моральное падение. Учился в Колумбийском университете и поступил в школу Гарвардского университета. Стал первым афроамериканцем - редактором Гарвард Ло Ревю.

В 1966 году избирается в Сенат штата Иллинойс. В 2004 году вступил в борьбу за одно из мест в Сенате США от штата Иллинойс. Приведённый к присяге новый сенатор, стал пятым сенатором-афроамериканцем США в истории страны.

В 2007 году заявил свою кандидатуру на пост президента США. Собрал 36,8 миллиона долларов на предварительных выборах кандидатов в президенты от Демократической партии. После недолгой борьбы Хиллари Клинтон сняла свою кандидатуру, объявив о своей полной поддержке кандидатуры Обамы. Он уверенно одержал победу, так же и в тех штатах которые считались традиционно республиканскими. Победа Обамы вызвала случаи проявления религиозной и расовой ненависти. Африканские страны, так же как и страны Ближнего Востока, испытывали эйфорию.

В 2009 году получил Нобелевскую премию мира за

«укрепление международной дипломатии и сотрудничества между людьми».

В феврале 2009 года Обама подписал акт, направивший в экономику $787 миллиардов экономической помощи от мировой финансовой депрессии. В марте, секретарь Казначейства, Тимоти Гейзнер, сделал дополнительные шаги для предотвращения финансового кризиса, представив Общественно-частную инвестиционную программу для «Legacy Assets», содержащую положения для покупки жилья на два триллиона долларов в обесцененных неблагополучных районах.

Обама вмешался в лихорадивший автомобильный бизнес, возобновив займы для Дженерал Моторс и Крайслер для реорганизации бизнеса. Обе эти компании все-таки потерпели банкротства, и были проданы иностранным инвесторам. Государственный долг вырос до $17.2 триллиона к февралю 2014 года.

В 2010 году состоялись промежуточные выборы в Конгресс США. Демократическая партия потеряла 63 голоса и контроль в Конгрессе. В 2009 году Обама предпринял попытку диалога с Арабскими лидерами. Он дал интервью Арабскому ТВ «Аль Арабия». В дальнейших попытках переговоров с мусульманским миром Обама отправил новогоднее видео сообщение к населению и лидерам Ирана. В апреле Обама выступал в Анкаре, Турция. В июне 2009 Обама выступил в Каире, Египет, назвав это «Новая эра» между исламским миром и США.

В марте 2010 года Обама выступил против планов правительства Израиля и его премьер-министра Биньямина Нетаньяху о продолжении строительства в Восточном Иерусалиме.

23 декабря 2016 года администрация Обамы (США) воздержалась от голосования, при принятии Юнайтед Нэйшен Секьюрити Консул (Совет безопасности ООН) резолюции 2334, запрещавшей Израилю строительство зданий на территориях, населенных арабами, как нарушение международного законодательства.

Гомо Сапиенс

В августе 2011 года разразилась Гражданская война в Сирии. Обама призвал Асада уйти в отставку.

В 2010 году добился принятия закона о здравоохранении, названным «Обамакер.»

В 2011 году распорядился отправить в Ливию, в составе НАТО, американских солдат.

В 2012 году выставил свою кандидатуру на второй президентский срок.

После победы на выборах Обама столкнулся со множеством проблем, которые негативно отразились на его имидже. Нападение на Консульство в Бенгази и гибель четверых американских граждан вызвали гнев и раздражение. Неудача с системой здравоохранения, скандалы вокруг разоблачений Эдварда Сноудена только усилили эти настроения.

Администрация Обамы в 2013 году направила доклад в Высший Суд США с инициативой снять запрещение с закона о браке между лицами одного пола.

Однополые браки были легализированы в 2015 году.

Обама инициировал дискуссию о глобальном контроле климата, что привело в 2015 году к подписанию Парижского договора.

В ноябре 2013 года, Администрация Обамы начала переговоры с Ираном, пытаясь предотвратить создание Ираном ядерного оружия и средств доставки на дальние расстояния. Переговоры продолжались два года, и сделка была одобрена к 15 июля 2015 года. Это получило название «Joint of Action», предусматривающее отмену санкций в обмен на ограничения, которые не позволят Ирану создавать ядерное оружие.

Сделка встретила множественную критику как со стороны республиканцев, консервативных лидеров, так и со стороны израильского премьер-министра Нетаньяху.

В 2016 году Обама проталкивал «ядерную сделку с Ираном». Нормализовал отношения США с Кубой.

Президент Обама объявил 17 января 2016 года об освобождении пяти американских пленных, как результат многократных переговоров. По поводу переговоров по «ядерной сделке», президент объяснил, что дипломаты во главе с Государственным секретарем Джоном Керри, сделали все для освобождения пленных. Поскольку подошло время вернуть Ирану деньги, заплаченные еще свергнутым Шахом Ирана за поставку вооружения, которое так и не было поставлено из-за революции 1979 года.

— Теперь, - заметил президент Обама, - США возвращает давно «замороженные фонды» Ирану.

«Долг» Ирану составлял $400 миллионов плюс $1,3 миллиарда проценты. Правда существовало другое мнение, что это Иран возможно должен США миллиарды долларов, поскольку в 2000 году президент Билл Клинтон подписал акт о замороженных иранских фондах, которые не могут быть возвращены, пока не выяснится судебное решение по поводу иска «США против Ирана», в связи с террористической атакой против американских граждан.

$1,7 миллиарда выплата, скорее, похожа на выкуп – наличными деньгами. Большой самолёт, груженый $400 миллионов обмененными на евро, швейцарские франки и другую валюту приземлился в Тегеране. Вскоре еще $1,3 миллиарда наличными были отправлены в Иран.

Несмотря на безуспешные многочисленные слушания в Конгрессе и требования провести расследование этого беспрецедентного скандала, все еще существует надежда на беспристрастное разбирательство этой, позорной для американского правительства, сделки эры Барака Обамы.

Барак Обама поддерживал Хиллари Клинтон во время борьбы за президентское кресло в 2016 году. Для обоих эта поддержка была чрезвычайна важна. Для Обамы победа Хил- лари Клинтон означало поддержку всех его инициатив и подтверждение правильности его курса. Победа Трампа означала поражение Барака Обамы, отмена его многочисленных реформ и преобразований за восемь лет. Провалившаяся реформа здравоохранения, колоссальный рост государственного долга США. В международной политике провал на Украине, «ядерная сделка» по Ирану и просчеты по Сирии.

Победа Трампа — это главная неудача Барака Обамы как президента. Демократическая партия, как и Барак Обама, были абсолютно уверены в победе Клинтон. Все наследие Барака Обамы как президента оказалось под угрозой критики и расследований.

Президентство Обамы все восемь лет расшатывало систему сдержек и противовесов созданную отцами – основателями, федерального демократического государства. Государственный долг и торговый дефицит, беззакония в верхних эшелонах силовых структур. Назначения глав департамента юстиции, ФБР, ЦРУ, Государственного департамента, DNI (департамент национальной разведывательной службы), глав различных ведомств происходили с учётом приверженности либеральным ценностям и лично президенту.

Существует мнение, подтверждённое перепиской юриста ФБР Lisa Page к сотруднику Peter Stroke, с которым её объединяли более чем дружеские отношения: «Потус хочет знать все... Ведь Клинтон не может проиграть?» (Потус – сокращенно – президент США).

Ответ: «Нет. Шансы 100 миллионов к 0. Мы этого не допустим».

Барак Обама знал все.

Америка еще заплатит цену за эти восемь лет прибывания Обамы на посту президента. Страх бунтов и восстаний в случае не избрания первого афро-американца на пост президента страны, подтолкнул колеблющихся отдать за него свои голоса.

Гомо Сапиенс

Гомо Сапиенс

Знакомьтесь: Хиллари Клинтон

Вокруг Хиллари Клинтон возникало множество различных скандалов. Во время разразившегося скандала «Моникагейт», она поддерживала своего мужа, солгавшего под присягой. Хиллари Клинтон имела множество друзей среди звезд Голливуда. Скандальный продюсер Вайнштейн, пожертвовал $26 тысяч на её кампанию. Кевин Спейси числился большим другом семьи Клинтонов, что оказалось впоследствии очень некстати. В компании по выдвижению Хиллари Клинтон в президенты участвовало множество видных звезд Голливуда.

Хиллари принимала участие в Уотергейтском скандале. Именно Хиллари готовила обвинительный акт, целью которого была отставка Ричарда Никсона.

Скандал с фирмой Вайтвотер, связан с «забывчивостью» списать с налогов сумму 25 тысяч долларов, потерянными Клинтонами в результате неудачной сделки с недвижимостью, которыми владела фирма Вайтвотер Девелопмент Ко. Клинтоны попытались незаконно списать налоговую скидку, но потом отрицали, препятствуя следствию. Партнером Клинтонов был некий Джим Мак-Дугал, владелец банка Мэдисон Гарант. Банк обанкротился, а его капиталы каким-то образом пополнили счета Вайтвотер Девелопмент Ко.

Гомо Сапиенс

Дело Вайтвотер совпало с самоубийством (1993 г.) семейного юриста Клинтонов, Винса Фостера. Разгорелся скандал, была создана должность независимого прокурора, но дело было закрыто за недостаточностью улик в 2000 году. Вообще, с четой Клинтонов связывают множество историй об убийствах и самоубийствах людей, так или иначе связанных с ними.

В бытность свою Первой Леди Хиллари была объектом нескольких расследований. США Офис Независимого Консулата, комитетов Конгресса и прессы. Это и дело Вайтвотер, которое началось с публикации в Нью Йорк Таймс. Возможный конфликт интересов Хиллари Клинтон, представлявшей юридические услуги в компании Роз Юридическая Фирма, Джиму и Сюзан Мак-Дугал, партнерам Клинтонов в инвестициях. Роберт Фиске и Кеннес Старр от Независимого Консулата выписывали Клинтон официальные судебные повестки для изучения финансовых документов, но последняя отговорилась незнанием того, где они могут быть. После двух лет расследования, записи были найдены в Белом доме. Хиллари Клинтон была единственной Первой Леди, которой выписали повестку в суд, отвечать перед большим жюри. После многочисленных расследований следователями Независимого Консулата, был выпущен репортаж о недостаточных доказательствах, была ли Хиллари Клинтон вовлечена в уголовные преступления.

В мае 1993 года возник скандал, названный «Травелгейт». Офис путешествий при Белом доме разрешал друзьям Клинтонов из Арканзаса бесплатно путешествовать вместо служащих Белого дома.

В марте 1994 года, репортёры обнаружили, что Хиллари Клинтон, инвестировав в 1978 — 79 годах $1000 в торговлю скотом, заработала $100 000. Такую необычную прибыль расценивали как взятку.

В 2001 году много говорилось о подарках, отправленных в Белый дом. Вопросы вызывала и мебель, поскольку часть мебели была отправлена в частный дом Клинтонов.

Гомо Сапиенс

В 1996 году проводилось расследование о роли Хиллари Клинтон в увольнениях сотрудников Белого дома. В 2000 году рапорт офиса Независимого Консула заключил, что Хиллари была связана с увольнениями.

Документальный фильм «Америка Хиллари: Тайная история Демократической партии», вышел в 2016 году. Фильм получил премию «золотая малина», которую присуждают худшим произведениям. Ден Бонджино проследил связь между Байденом, Хиллари и украинским олигархом Виктором Пинчуком. Он указал, что политики хорошо знали друг друга и неплохо зарабатывали в Украине. Главный скандал разразился из-за использования ею незащищенного личного почтового сервера для передачи конфиденциальной служебной информации. Когда потребовали передать все файлы для расследования, Хиллари Клинтон уничтожила более 35 тысяч файлов и все носители.

Хиллари Клинтон готовилась к борьбе за место президента США еще с 2003 года. В январе 2007 года она объявила о своем участии заявив:

— Я участвую, и я уверена в победе! Пара опубликовала декларацию о доходах, указав, что они заработали с 2000 года более $100 миллионов, благодаря книгам, выступлениям и участием в различных мероприятиях, все благодаря Биллу Клинтону.

Соперником Хиллари Клинтон от Демократической партии выступил сенатор от штата Иллинойс Барак Обама. Демократический съезд поддержал Барака Обаму. В июне 2008 года Хиллари закончила свою компанию взволнованной речью, поддержав Обаму. Поучив предложение о должности Государственного секретаря, Хиллари стала первой из бывших Первых Леди членом Кабинета США.

В новой должности, используя союзников США, Клинтон поддерживала Ливанских повстанцев, и Каддафи был убит, а его режим свергнут. Рассказывая об этом, Хиллари Клинтон с улыбкой добавляла:

— Мы пришли – он умер.

Гражданская война в Ливии разрушила страну, и все, что произошло потом, ещё является предметом разбирательства.

Во время сирийской гражданской войны администрация Клинтона и Обамы уговаривала сирийского президента Башара Асада согласиться с необходимостью реформ, но, когда насилие правительственных войск усилилось, предложили Ассаду отказаться от президентства.

Хиллари Клинтон в своих выступлениях всегда пропагандировала то, что назвали «Хиллари Доктрина». Хиллари выступала за: «права геев и права человека», «усиление прав женщин, меньшинств, поддержка против расовых и религиозных предрассудков».

В сентябре 2012 года дипломатическая миссия США в Бенгази, Ливия, была атакована. Погибли американский посол Кристофер Стивенс и еще трое американцев. Эта трагедия вызвала множественные вопросы о надёжности охраны американских консульств и официальных представителей страны. В октябре Хиллари Клинтон приняла на себя ответственность за ошибки, объясняя их неизбежными последствиями войны и хаосом в этих обстоятельствах.

Давая объяснения в комиссиях Конгресса, относительно атаки в Бенгази, она защищала свои действия во время инцидента, принимая на себя ответственность и в тоже время объясняя, что она не имела прямого отношения к конкретным деталям создания охраны консулата. Конгрессмены республиканцы обвиняли Госсекретаря в «неточностях», высказанных после атаки. В ответ Клинтон разразилась тирадой, защищая свою позицию и высказывая мысль о том, что нет смысла копаться в случившемся, после смертей американцев. Сейчас надо сосредоточиться на том, чтобы этого не случилось впредь. В октябре 2015 года, при очередном разбирательстве трагедии в Бенгази, Комитет составил финальный репортаж, с новыми деталями об атаке в Бенгази.

Гомо Сапиенс

В марте 2015 года, появились сообщения о частном сервере Клинтон, пользующейся незащищенной электронной почтой, вместо государственной, при отсылке электронной почты во время пребывания на посту Государственного секретаря. Атака американского консулата в Бенгази вновь вызвала слушания в Конгрессе. ФБР начало расследование, связанное с секретностью переписки, имевшей место на частном сервере. Газета Нью Йорк Таймс 15 февраля 2016 года опубликовала статью, утверждающую, что 2100 электронных писем, сохраненных на сервере Клинтон, были отмечены как секретные. В феврале 2016 года Хиллари Клинтон во время президентских дебатов с Берни Сандерс сказала:

— Я никогда не посылала и не получала никакой секретный материал – они задним числом перевели эти письма в секретные.

В июле 2016 года Клинтон заявила:

— Я хочу повторить то, что я повторяла много месяцев теперь, я никогда не получала и не отправляла никакого материала, который был помечен как секретный.

5 июля 2016 года, директор ФБР Джеймс Коми доложил о результатах расследования:

— 110 электронных писем в 52-х цепочках были классифицированы как секретные, когда отправлялись и получались. Восемь из этих цепочек сообщений, классифицированы как «совершено секретные», в то время, когда они отправлялись. 36 цепочек сообщений содержали государственные секретные информации в это время с невысоким грифом секретности. Отдельно от предыдущих, еще около 2000 дополнительных электронных писем были с грифом «высокая секретность», что указывало на конфиденциальность. Информация об этих письмах не была секретной, когда эти сообщения отправлялись.

Расследование нашло, что Клинтон использовала её частный сервер интенсивно, даже во время пребывания вне страны, отправляя и получая письма, связанные с её должностью. ФБР отметило: «возможно, что посторонние соискатели секретной информации могли иметь доступ к частной переписке Государственного секретаря Хиллари Клинтон. ФБР рекомендует министерству юстиции: «не начинать процесса обвинения в этом случае».

В июне 2016 года Билл Клинтон встречался с главой министерства юстиции Лореттой Линч. Беседа происходила в аэропорту Феникс Скай Харбор, на борту её частного самолёта, поздно вечером. На вопросы к Лоретте Линч по поводу этой, поздним вечером, встрече, ответ был простой:

— Мы беседовали о наших внуках.

Позже Джеймс Коми рассказал, что получил от Лоретты Линч указание называть расследование с электронной почтой Хиллари Клинтон, «matter». Что могло означать случай, вопрос и т.д.

Конгресс выписал повестку на имя Хиллари Клинтон с требование предоставить всю электронную почту, сервер и все, что связанно с этим.

Хиллари Клинтон вместе со своими сотрудникам уничтожила 33 тысячи электронных писем и все, что могло попасть в руки следствия.

ФБР начало расследование. Полученный хард драйв, был впоследствии был уничтожен самими сотрудниками ФБР, вопреки полученной судебной повестке.

Джеймс Коми выпустил заявление об окончании следствия по поводу частной электронной почты Хиллари Клинтон.

Фонд Клинтонов:

Билл, Хиллари и их дочь Челси в 2013 зарегистрировали названный некоммерческий фонд, который призван: «усилить способность людей в США и во всем мире решать задачи глобальной взаимозависимости». Заявленный как некоммерческая организация, фонд освобождался от налогов, но мог собирать денежные средства в виде пожертвований. Включая 2016 год,

Гомо Сапиенс

фонд сумел собрать $2 миллиарда. Пожертвования получены от американских и иностранных корпораций, иностранных правительств, политиков, разных групп и частных лиц. Клинтон фонд создал свою программу помощи гуманитарным движениям.

В 2016 году ФБР выпустило заявление о расследовании обвинений в коррупции данного фонда и возможных финансовых криминальных нарушениях, а также о возможных неправомерных использованиях фондов организаторами.

Хиллари Клинтон стояла за урановой сделкой США с Москвой. Комитет по разведке и надзорный комитет Палаты представителей США проводит расследование урановой сделки с Россией, заключенной в 2010 году. Сделка о переходе канадской уранодобывающей компании «Ураниум Один» под контроль российской госкорпорации «Росатом». Сделка одобрена администрацией Барака Обамы. Хиллари Клинтон занимала пост Госсекретаря США. Клинтон обвиняли в том, что она отдала 20% американского урана России. В последствии компания «Росатом» купила 100% акций компании «Ураниум Один», ведущих добычу урановой руды в различных странах. Подобная сделка должна была пройти проверку надзорных органов США и слушания комитета в Конгрессе.

Президентом был Барак Обама, а директором ФБР Роберт Мюллер. Этот самый Мюллер стал впоследствии Спецпрокурором, расследующим дело «Рашагейт».

ФБР выяснила, что Россия направила 145 миллионов долларов в «Фонд Клинтонов».

После объявления Россией о намерении приобрести большой пакет акций «Ураниум Один», Билл Клинтон получил за лекцию в Москве $500,000. Газета Вашингтон Пост опубликовала доходы Клинтона от лекций за период с 2001 по 2012 годы в размере $104 миллиона. Хиллари Клинтон в эти же годы занимала федеральные посты.

Гомо Сапиенс

В апреле 2015 года Хиллари Клинтон объявила о выдвижении своей кандидатуры на пост на президентских выборах 2016 года от Демократической партии. Она вне всякого сомнения была самым популярным кандидатом демократов. Победив соперника Берни Сандерса, она объявила кандидатом в вице-президенты США от Демократической парии сенатора от штата Виргиния Тимони Кейн. 8 ноября 2016 года состоялись выборы. Хиллари Клинтон потерпела поражение, победил Дональд Трамп.

Поражение кандидата от Демократической партии, первой женщины, претендовавшей на высшую должность в США для многих воспринялось как величайшая трагедия. Во множественных уголках страны, где приверженцы демократов собрались отмечать столь значимое мероприятие, где были приготовлены бокалы для шампанского, яркие декорации и не менее яркие тосты и речи, началась настоящая истерия. Экзальтированные женщины рыдали в голос, да и мужчины едва сдерживали рвущиеся из груди всхлипывания. Такой удар воспринимался, как конец света, предательство идеалов и потеря смысла жизни. Лидеры Демократической партии, представив, что их ждет в ближайшее время, уже обдумывали, как бороться и избежать всех этих потрясений, которыми грозит этот, абсолютно непредсказуемый, новичок в политике, несущий явную угрозу такой славной, налаженной жизни в верхних эшелонах правительственной власти, всеми уже глубоко ненавидимый Трамп.

Противники Трампа были не новички, попавшие вдруг в неожиданную ситуацию, это были повидавшие всяких противников матерые политики. Они умели бороться за свое, принадлежавшее им право на Олимпе власти. Путь был один, борьба против посягательств на выстраданное в непростой борьбе славное существование, следовательно, Трамп должен быть повержен. В такой борьбе все средства оправданы.

Получившая название «Deep State» — скоординированная группа государственных служащих высшего уровня, влияющая на политику в США. К этой группе принадлежит: США DOJ (министерство юстиции), ФБР (федеральное бюро расследования), ЦРУ (центральное разведывательное управление), МНБ (министерство национальной безопасности), ДНР (директор национального разведывательного агентства, занимающегося прослушиванием телефонных разговоров). Джеймс Клаппер с 2010 по 2017 год являлся директором этого агентства. Ему приписывают славу передачи в ФБР пресловутого «досье», сочиненного английским шпионом Cristopher Steele, оплаченного Хиллари Клинтон, предъявленного федеральному судье (FICA) для получения разрешения на прослушивание разговоров окружения Трампа.

Президентство Трампа представляло для руководителей этих ведомств несомненную угрозу, поскольку Трамп в своих предвыборных речах обещал «Drain Swamp» (осушить болото Вашингтона) и покончить с коррупционной цепью между обладающими властью политиками и различными силовыми структурами.

DNC (Национальный комитет Демократической партии США), выдвижение Трампа представляло прямую угрозу. Когда ясный и понятный, свой политик, Хиллари Рэндом Клинтон, на которую было столько надежд и в победе которой были уверены, непонятно как проиграла, все сделалось таким зыбким и непредсказуемым.

Хиллари Клинтон отправила, занявшей кресло председателя DNC, Донна(е) Бразил письмо, содержавшее недвусмысленный текст:

«Он (Трамп) может устроить над нами "суд Линча". Ты лучше бы сделала с этим что-то сейчас».

Томо Санчевс

Гомо Сапиенс

Политика встречается с идеологией

В США политику определяют две ведущие партии, Демократическая и Республиканская. Есть другие партии, со своей идеологией и своими сторонниками, но они недостаточно популярны, чтобы реально бороться за власть. Отцы-основатели создали эти партии, конституцию страны и, главное, систему сдержек и противовесов, должную противостоять возможности сосредоточить власть в одних руках, тем самым исключив возможность появления тирании.

Страна процветала, привлекая все новых иммигрантов, ищущих свободу и новые возможности. Свободное предпринимательство, являющееся краеугольный камнем построения этого общества, сделало эту страну самой богатой и могущественной страной в мире. Декларация Независимости была подписана в 1776 году 04 июля. За неполные 250 лет страна сумела обогнать все другие страны в развитии и стать мировым лидером.

Нужны ли другие доказательства, что система свободного предпринимательства, капиталистическая идеология, капиталистическая экономическая модель, базирующаяся на производстве продукции и извлечении прибыли работает, создавая рыночную экономику.

Критицизм капиталистической экономики и свободного

рынка, сводится к аргументам о сосредоточении влияния относительно небольшого класса богатых капиталистов, которые эксплуатируют социальный класс, сосредоточив власть и богатство в своих руках.

Защитники капитализма говорят о том, что свободный рынок с его конкуренцией заставляет производить лучший продукт, продвигать инновационные технологии, распределять доходы среди более трудолюбивых и талантливых, увеличивать экономический рост и процветание, что в конечном итоге служит на благо обществу.

Для демократов все эти рассуждения о капиталистических капитанах свободного рынка, накапливании капитала и радости от создания грандиозных проектов с риском потерять все созданное таким трудом, представляются фальшивым и надуманным. Жизнь хорошую и красивую можно создать другим путем. Не работать тяжело, упорно преодолевая тяготы и создавая что-то, что может через много трудных и рискованных лет, привести к намеченной цели. А может и не привести. Молодость дана для того, чтобы обеспечить старость. Ну это для неудачников и дураков. Молодость – для того, чтобы получать все удовольствия от жизни. Сегодня, а не когда-то, когда уже все становиться малоинтересным и ненужным.

Демократическая – читай сегодня социалистическая – идеология предлагает простой, доступный и понятный путь наверх. На вершины власти, где все преимущества и возможности доступны не только счастливчикам, умным и талантливым, но и обычным, посредственным. Нужно уметь быть нужными. Даже необходимыми. Делать черновую работу, восхищаться и превозносить того, кто тебя приблизил и позволил быть рядом. Уметь вовремя говорить умные слова и понимать свое место в иерархии. Разделять простую и понятную идеологию, отнять и поделить. Если не все, это слишком революционно, то обложить данью, то есть налогами, чтоб эти все капиталистические капитаны и акулы бизнеса понимали – им разрешено наживать капиталы, но за это надо платить, и платить щедро.

До победы Трампа на президентских выборах 2016 года казалось, что еще одна великая держава (вслед за Европой) США, стремительно летит в глубокую яму социалистических идей. Платформа Демократической партии становится все больше радикально-социалистической. Вновь избранные члены конгресса и вовсе ближе к коммунистам, чем к социалистам. Они требуют увеличение налогов на богатых до 70%, а то и до 90%, всеобщего бесплатного медицинского обслуживания, бесплатного обучения в школах и вузах, гарантированный доход каждому, работающему или не работающему.

В Белом Доме много лет хозяйничали социалисты. Восемь лет пребывания на посту президента Билла Клинтона, затем его сменил республиканец Джордж Буш Младший, которому фантастично не повезло.

Чудовищный террористический акт 11 сентября 2001 года, спланированный и оплаченный возглавлявшим радикальную исламскую террористическую группировку «Аль-Каида» Усамой бен Ладеном. Девятнадцать террористов-смертников, вооружённых ножами, захватили 4 самолёта с пассажирами и направили их на уничтожение символов американской демократии: двух высотных зданий Всемирного Торгового Центра, Капитолия и здания Пентагона.

Первый самолёт с пассажирами и террористами- смертниками на борту, врезался в одно из 110-и этажных высотных зданий башен-близнецов. Началась паника, поскольку никто не понимал что произошло. Никто не мог поверить, что вот так легко и просто какие-то террористы смогли угнать пассажирский самолёт и направить в «сердце» Манхеттена, взорвать здание ВТЦ. До тарана второго высотного здания башен-близнецов, самолётом с пассажирами и террористами смертниками оставалось 15 минут.

Много позже циркулировали слухи о том, что Секретная Служба усадила президента Джорджа Буша младшего в правительственный самолет и подняли его в воздух. Приходили различные сообщения, в том числе и с мобильных телефонов захваченных пассажиров. Становилось понятно, что это спланированная террористическая атака. Военные предлагали сбить второй самолёт, летевший к Манхеттену. Президент должен был отдать приказ, но Джордж Буш не мог этого сделать, мотивируя тем, что на борту находятся американские граждане. Третий самолёт, долетев до здания Пентагона, где размещалось министерство обороны США, врезался в фасад здания. Жертвами террористического акта стали 125 человек и 64 пассажира авиалайнера. Причинены значительные разрушения.

Четвертый самолёт, захваченный террористами смертниками направлялся к зданию Капитолия. Герои-пассажиры и команда авиалайнера оказали террористам сопротивление и самолет врезался в пустом поле в землю. Все погибли.

Всего в результате террористической атаки погибло более 3000 человек.

Гомо Сапиенс

Новая-старая религия – Демократия

Демократическая партия с середины XX века сместилась в сторону социально-либеральных и прогрессивных позиций. Соответственно изменился и электорат партии. Из борца за сохранение рабства, Демократическая партия превратилась в борца за социальные нужды, повышение налогов, права сексуальных, расовых и всех прочих меньшинств. Демократия – это диктат большинства, меньшинству. Даже если большинство это 50,1%, а меньшинство в 49,9%, оно обязано жить по правилам продекларированным большинством. Вероятно это несправедливо, но на сегодняшний день еще никто не придумал идеологию или систему, которая может заменить демократическое общество. Демократия – это не изобретение современного общества. Человечеству это знакомо со времен Древней Греции и Римской республики. Те демократии отличались от современных, поскольку служили определенному классу. Рабы и женщины не могли принимать участие в принятии законов или дискуссий.

Что касается гомосексуализма, то это не являлось чем-то необычным или запретным. В Древней Греции и Риме это было обыденным явление. Относительно женского сексуального партнерства сведений практически до нас не дошло, если не считать упоминания об амазонках и острове Лесбос. Завоевавшие мир авраамические религии крайне отрицательно относятся к сексуальным меньшинствам, мотивируя библейскими сказаниями о грехе Содома и Гоморры. Идея всеобщего равенства преподается в школах, университетах, декларируется в голливудских фильмах, в средствах массовой информации. Демократы хотят социализма. Они уверены, что может быть социализм с человеческим лицом. Они не верят, что это уничтожит свободную Америку – образец для подражания всего цивилизованного мира.

Демократические правители довели страну до чудовищных долгов, хотя еще сегодня, Америка остается самой могущественной страной в мире. Все без исключения страны, весь цивилизованный мир, надеется на защиту Америки от террористов и врагов современного мира. На помощь, которая может прийти от единственной страны в мире, в которой ещё присутствует здравый смысл и желание противостоять силам зла. Президент Трамп пытается «сделать Америку великой опять», которой он так гордится и искренне любит. Демократы ненавидят все, чем гордится Трамп, и делают все, чтоб помешать ему добиться успеха в выполнении этой миссии.

Страна проголосовала за президента Трампа. Демократы не только противостоят всем его инициативам, но и пытаются всеми средствами, не брезгая даже откровенной ложью, свергнуть законно избранного президента, пытаясь прибегнуть к импичменту.

Спрашивается зачем? Ну это совсем просто. Вернуть власть, набрав больше голосов избирателей. Чем больше нелегальных эмигрантов, чьё незаконное пребывание в этой стране зависит от демократов, тем лучше: понятно, за кого они проголосуют. Среди более 20! кандидатов на пост президента от Демократической партии в 2020 году раздаются голоса разрешить нелегальным эмигрантам голосовать уже сегодня. А заодно и изменить конституцию, опустив возрастной порог для голосования до 16-ти летнего возраста. Расчёт на юный экстремизм и внушаемость. Какой поднялся шум среди демократов и ярко выраженных своей левизной средств массовой информации, когда Трамп предложил временно закрыть эмиграцию из 6-ти враждебных Америки мусульманских стран. Мусульманские общины в местах концентрации последователей ислама, требуют введение законов шариата на этих территориях.

Голливуд, с его традиционными либеральными взглядами, выступает едва не единым фронтом против политики Трампа. Блеск всего того, что происходит раз в году на Оскаре, затмевают выступления ведущих и награжденных, отвергающих традиционные американские ценности и призывающие ценить и награждать только тех, кто пропагандирует новых героев, дерзающих рассказать «правду» об «ужасах» капиталистической действительности. Премии вручаются фильмам, направленным против страны, в которой они живут, как инопланетные существа, в роскоши, не понимая как создаются ценности в этой стране. Они требуют всеобщего равенства, ни на йоту не уступая своих заоблачных гонораров и сказочной жизни.

Они и многие подобные им обвиняют Трампа в том, что он шоумен, женоненавистник, агент Кремля, в отсутствии президентского стиля. Кто как не представители Голливуда аплодируют и участвует в парадах, демонстрируя самые пошлые и отвратительные людские пороки. Кто сжигает перед Белым Домом американские флаги, под которыми американские юноши и девушки идут в бой и отдают свои жизни.

Стиль Трампа отличается от политкорректных лживых политиков, стоящих во главе нашего государства. Он говорит ярко, просто и понятно о традиционных американских ценностях, о том, во что верит любой здравомыслящий человек. Об охраняемых границах страны. Об иммиграционных законах. О политике различных стран, много лет пользующихся глупостью, а может, и преступным желанием нажиться, политиков находившихся у власти в США многие годы. Ненавистники Трампа сегодня выступают единым фронтом. Не только демократы, но и отдельные республиканцы, ненавидящее Трампа, который пришел к власти и своими действиями может лишить их всего, ради чего они выбрали профессию политика в этой стране. Привилегии, возможности, финансовое благополучие, обеспеченная старость, безнаказанность, безопасность. И вероятно, самое главное, почти не скрываемое: глупость и никчемность выпирающая при каждом случае, которую занимаемые посты покрывают невидимой паутиной, скрывающей все недостатки так свойственные демагогам и болтунам. Всеми силами демократы держатся за свои места в Вашингтоне. Они готовы на любую ложь в борьбе против столь опасного для их существования президента Трампа.

В США прирост населения происходит в основном за счёт переселения эмигрантов – латинос, мусульман, африканцев. Латиноамериканцы сочувствуют идеям социализма, и они в своих странах зачастую живут под властью диктаторов. Такие же настроения среди мусульман и эмигрантов из африканских стран.

Женщины, традиционно занимавшие роль жен и матерей, стали активными членами общества и в выборах в США участвуют наравне с мужчинами. Это завоевано, благодаря суфражисткам, добившихся права голоса для женщин в 1920 году. Постепенно женщины стали получать достойное образование и присоединились к мужчинам в областях, считавшихся исключительно мужскими. Поначалу это сотрудничество было здоровым. Но сегодня феминистки видят процесс продвижения женщин не как сотрудничество двух половин человечества, а как конкуренцию и даже как войну полов. Им удалось криминализировать неизбежный сексуальный фон, присутствующий при контактах мужчин и женщин.

Ведется повсеместная атака на презумпцию невиновности – основу западной юриспруденции. Женщины выступают с лозунгами вроде «мы верим выжившим», подразумевая подвергнувшимся сексуальным домогательствам. Простой флирт превратился в криминально-наказуемое преступление. Идут слушания по утверждению членом Верховного Суда Бретта

Гомо Сапиенс

Каваны. Сенат занят расследованием, связанным с голословным обвинением соученицы Бретта Каваны по Йельскому университету. Через десятки лет, она не помнила когда, где, с кем она была, но хранила в памяти возможное насилие. Никогда, никому об этом не говорившая.

Движение феминисток в США отличается крайней агрессией. После инаугурации президентом Трампа, тысячи женщин вышли на демонстрации протеста, напялив на головы розовые шапочки, символ женской сущности.

Ненавистницы президента Трампа, устремились во власть. К главным их темам – абортам, не ограниченным сроками, а также к социализму, добавился антисемитизм и ненависть к Израилю. В Конгрессе США появились новые молодые члены Демократической партии, мусульманки: Рашида Тлаиб и Ильхан Омар. Самый радикальный член Демократической партии 29-летняя конгрессмен Александра Окасио-Кортез (АОК), выдвинувшая лозунг: «новая зеленая сделка». По её словам до конца света остаётся 12 лет, если не предпринять экстренных мер. Спасти планету может немедленное запрещение всех видов энергии, нарушающих экологию планеты. Запрет на полёты самолётов и езда на автомобилях. Среди самых курьезных запретов, решение вопроса с коровами. Последние нарушают экологию, производя неприличные звуки, нарушая экологию планеты. Плюс стандартные коммунистические лозунги: «Все бесплатно и для всех. Медицина, образование, гарантированная высокая зарплата всем, независимо работающим или нет, и многое другое».

Трамп, призывающий вернуть Америке утраченное ею величие (сделать Америку опять великой – MAGA), определил первоочередную задачу США – прекратить неконтролируемую иммиграцию сквозь её южную границу, огородив страну стеной. Этот проект вызвал яростное сопротивление Демократической партии, для которой бесконтрольный приток эмигрантов гарантирует электоральное большинство.

Демократы набрали на промежуточных выборах в Конгресс больше голосов, таким образом став большинством в Палате представителей. Место спикера Палаты представителей и большинства комитетов теперь заняли демократы. Они не скрывают своих намерений. Их задача любой ценой добиться отставки Трампа, включая импичмент. В крайнем случае полная дискредитация законно избранного президента, для устранения любой возможности Трампа избраться на второй срок.

Этого демократы не могут допустить. Трамп еще во время своей инаугурации заявил о готовности избираться на второй срок. Рушилось на глазах все, что было достигнуто с таким трудом, и виновник всего этого крушения торжественно вселился в Белый дом и еще отказался от какой-либо зарплаты, которая положена по закону президенту страны.

В мае 2017 года заместитель главного прокурора департамента юстиции Род Розенштейн посоветовал президенту Трампу уволить директора ФБР Джеймса Коми. Розенштейн согласился написать для президента меморандум, где жёстко критиковал Коми за неадекватное расследование дела Хиллари Клинтон и её частного сервера, использованного для секретной переписки во время пребывания на посту Госсекретаря США.

Президент США, вступая в должность, имеет право уволить любого государственного служащего при смене кабинета. Оказалось, что это была простая «подстава». Последствия увольнения Коми не заставили себя ждать. Как говорят американцы: «all hell broke loose» вольный перевод, «весь ад вырвался наружу».

Средства массовой информации, гордо называющие себя четвёртой властью, обрушили на Трампа болото грязи, обвиняя во всех смертных грехах. Статьи в журналах и газетах, телевизионные каналы, за исключением 5 канала Фокс и нескольких «talk» шоу, подхватывали любые слухи порочащие президента Трампа и его семью. Это была объявленная война.

Трамп называл все эти новостные выпады «Fake News» (фальшивые новости). Эта травля не прерывалась ни на день, невзирая на явные успехи администрации Трампа, практически во всех областях политики и экономики.

Демократы в Конгрессе и Сенате потребовали расследования выборов 2016 года, поскольку есть основания подозревать «руку Москвы, которая помогла Трампу выиграть выборы». Департамент Юстиции создал комиссию «спецпрокурора в лице бывшего директора ФБР, Роберта Свена Мюллера Третьего». При этом Главный прокурор DOJ Сешнз самоустранился от контроля за ходом расследования о предполагаемых связях предвыборной команды Трампа с Россией и передал все полномочия по созданию данной комиссии своему заместителю, Роду Розенштейну.

Комиссия Роберта Мюллера незамедлительно приступила к работе (2017-2019) наняв 17 человек, 13 из которых были зарегистрированными демократами.

Трамп назвал работу этой комиссии «Охота на ведьм». Гораздо позже Трамп писал в Твиттере: «Базирующаяся на фальшивых обвинениях, связанных с прослушиванием работавшего в команде Трампа Carter Page и сфабрикованном, фальшивом досье изготовленным английским шпионом Christopher Steele, проплаченным "жуликоватой Хиллари" и DNC. Неправомочно используя FICA Court warrant для шпионажа за моей президентской кампанией...»

Что такое FICA Court? Это федеральный суд, выдающий разрешение на прослушивание иностранных шпионов внутри США. Это разрешение выдаётся на 90 дней и может быть продлено судьей на последующий срок при необходимости.

На практике, чаще это происходит гораздо проще. Судья просит подтвердить все ли перечисленное в заявлении правда и представляющий заявление на прослушивание, поднимает правую руку и клятвенно подтверждает изложенное подозрение. На этом слушание заканчивается.

Сегодня мы уже представляем как началась история

«Рашагейт». James Robert Clapper Jr. Director of National Intelligence (его попросту называли главным шпионом), назначенец Барака Обамы, секретно встречается с давно уволенным Christopher Steele (английский шпион). Почему английский а не американский? Законы США запрещают шпионить за американскими гражданами без разрешения, выданного судьей FICA. Christopher Steele и Fusion GPS, частная следственная компания взялись изготовить некое «досье» на Трампа и его помощников, якобы встречавшимся с эмиссарами Кремля для переговоров о поддержке последнего в президентской гонке. Такое «досье» было изготовлено и оплачено Хиллари Клинтон, собиравшейся использовать это в ходе президентской кампании. Без этого досье заместитель директора ФСБ Andrew McCabe отказывался идти за получением FICA COURT warrant. Без чего нельзя прослушивать разговоры американских граждан.

Clapper получает желанное досье, знакомит с ним другого участника заговора Директора ЦРУ John O. Brennan и последний передает это в ФБР.

Cristopher Steele получает денежное вознаграждение за работу, и не проверенное и не подтвержденное «досье» становится неопровержимой уликой для получения FICA COURT warrant.

ФБР начинает прослушивания разговоров кандидата в президенты США Дональда Трампа и его окружения.

Трамп прозвал этот неслыханный в истории заговор «Russian Hoax» — русский обман (мистификация).

Расследование Мюллера, получившее в прессе имя «Рашагейт», после двух лет расследования, потраченных более 30 миллионов долларов, допроса более 500 свидетелей, перелопатившее более миллиона страниц различных документов, 22 марта 2019 года было официально закончено. Рапорт Мюллера, более 400 страниц текста был направлен новому Главному прокурору DOJ Вильяму Барру. Отредактированный рапорт был опубликован. Основной вывод, сделанной комиссией Мюллера: «Расследование не смогло установить, что члены команды

Трампа координировались или сговаривались с представителями российского правительства во время президентской кампании выборов 2016 года». Рапорт также не смог установить нарушения президентом юридических норм.

Демократы всех рангов и должностей разразились негодованием, обвиняя Мюллера, Барра и самого Трампа в сговоре, с целью ввести «американский народ в заблуждение». Мюллера и Барра демократы требовали вызвать повестками в

Конгресс для дачи показаний под присягой и обязать предоставление Конгрессу полного, а не отредактированного доклада Мюллера, в полной уверенности, что там скрываются реальные факты виновности Трампа.

Мюллер и Барр выступить перед Конгрессом отказались, но Барр пообещал представить более полный доклад через небольшой срок. Рапорт Мюллера, за исключением немногочисленных редакций, в соответствии с законом о неразглашении определенных деталей, был представлен Конгрессу. Результат не изменился. Это не могло удовлетворить обманутых в своих ожиданиях демократов, и они требовали вызвать повесткой Мюллера для дачи показаний, надеясь уличить последнего во лжи.

29 мая 2019 года, на публичной пресс-конференции Мюллер объявил о своем уходе из DOJ и закрытии офиса специального прокурора. Он повторил то, что было изложено в его рапорте, назвал Россию виновной во вмешательстве в американские выборы. Далее он неожиданно заявил то, что опровергает выводы, изложенные в его рапорте: «Если бы я был уверен, что Трамп не совершал преступления, я так бы и сказал».

Мюллер подтвердил, что не собирается далее давать показания Конгрессу США. Подобное заявление вызвало бурю эмоций со всех сторон. Все старались угадать, что же именно хотел сказать Мюллер и почему он сделал это заявление, так противоречащее его рапорту.

Демократы требовали от своих руководителей немедленно

начать процесс импичмента президента. Заодно заставить Мюллера дать показания Конгрессу. Казалось победа близка и все, о чем демократы мечтали последние два года, сможет осуществиться. Спикер Палаты представителей Нэнси Пелоси, не контролируя свою речь и странно размахивая руками, и её постоянный напарник, лидер меньшинства в Сенате Чак Шумер, смотрящий странно вбок, напоминая повадки хищной гиены, вслух поддерживая горячие головы, не могли не осознавать, что шансы добиться импичмента близки к нулю. Но, вероятно, можно серьёзно дискредитировать репутацию президента и тем самым уменьшить его шансы на перевыборы в 2020 году.

В близком окружении Нэнси Пелоси высказала желание увидеть президента страны «в тюрьме». Это стало достоянием гласности.

Америка заметно полевела. Отвергнуты традиционная мораль и семейные ценности. Новое поколение левых имеют свой, очень либеральный, взгляд на брак, на заботу об окружающей среде, усиление мер социальной защиты и достаточно негативно оценивают влияние крупного капитала на экономику.

Недовольство выказывают и «новые американцы», т.е. люди, которые по разным причинам не смогли построить у себя на родине государство и надеялись здесь получить все блага, которым пользуется население страны. Поскольку ожидания, как правило, отличаются от реалий, социалисты убеждают недовольных, что для гармонии бытия следует у богатых отнять и все поделить. Со временем мигранты становятся иммигрантами и, получив гражданство, чувствуют себя вполне комфортно, но далеко не все могут вписаться в новые обстоятельства, тяжёлый труд и финансовые обязательства. Богатое государство не должно бросаться на помощь. Каждый должен научиться бороться за свое место под солнцем, а не ждать подачек. Демократические идеи о равенстве при социализме находят все новых приверженцев.

В 1935 году социальная программа «велфер» появилась в

Гомо Сапиенс

США. Президент FDR (Франклин Делано Рузвельт) продавил через Конгресс систему прямой помощи нуждающимся (наличные деньги, фудстемпы – специальные купоны для покупки еды) и другие социальные программы. В 2018 году правительство США потратило на «велфер» $1,047 миллиарда.

Прекрасная идея помощи неимущим превратилась в «капкан велфера», как назовут это позже. Пропала персональная ответственность трудиться и зарабатывать деньги для семьи. В 80-х годах XX века молодые женщины, преимущественно незамужние афроамериканки, становились получателями программы «велфер», родив ребенка. При отсутствии мужа, такая неполная семья получала помощь «велфера» до совершеннолетия ребенка в 18 лет. Если ребенок учился дальше, семья продолжала получать пособия, по сути до конца жизни матери. Куда она могла пойти работать после 45-50 лет, не имея специальности и опыта работы. Социальная квартира, фудстемпы на покупку еды, небольшие наличные деньги, бесплатная медицинская страховка и прочие подарки системы, практически погубили не одно поколение, подсадив их «в капкан велфера». Целые городские районы были заселены этими, по сути выброшенными из жизни неполными семьями. Там процветали наркотики, криминал, алкоголизм и мафиозные разборки. Фудстемпы продавались ниже номинала за наличные, для приобретения наркотиков.

Как только социалисты вмешивались в естественный эволюционный процесс развития человеческого общества, тут же начинался другой процесс, использование системы различными криминальными сообществами, что в конечном итоге выталкивало людей в нищету, зависимость и отсутствие желания бороться за свое место в жизни.

Несколько лет назад либералы спохватились и согласились сбросить эту удавку с общества, но это уже не остановило процесс. Подсаженные на велфер поколения иждивенцев, требуют себе все новых привилегий. Государство продолжает откупаться не только продуктами питания, бесплатным жильем и медицинским обслуживанием, но и гарантированной работой в государственных органах.

США, построенные и достигшие своего расцвета, благодаря европейским колонизаторам – предпринимателям и тем, кто хотел найти свою мечту на американской земле, не предлагалось никакого велфера или иных социальных программ – научили людей выживать в суровых условиях освоения нового континента.

Сегодняшние демократы мечтают о социалистическом государстве. Они хотят построить страну, где есть велфер – это социализм! Государство решает все – это социализм! Всеобщее принудительное медицинское бесплатное страхование — это социализм.

Восемь лет президентства Клинтона, по сути, уничтожившего имидж президентства, развязавшего войну в Югославии, в надежде погасить скандал с Моника Левински. Клинтон обрушил экономику страны, отправив производства в другие страны (NAFTA).

Последовали труднейшие восемь военных лет при президенте Джордже Буше.

В Белый дом вновь пришел президент-демократ Барак Обама, с Хиллари Клинтон в должности секретаря Госдепа. При нем страховые компании неплохо нажились на «Обамакер», а экономика превратилась в гирлянду мыльных пузырей, и фондовые рынки рухнули. Обама приказал включить печатные станки и напечатать столько долларов, сколько нужно банкам.

Война в Ливии, убийство американцев в Бенгази, «арабская весна» и полнейший хаос на Ближнем Востоке – результат демократического правления Барака Обамы вкупе с Хиллари Клинтон.

Главный скандал пребывания Обамы у власти, еще ждет своих разоблачителей. Продажа России 20% добычи американских запасов урана, коррумпированность всех ветвей властных структур, находится в стадии разоблачения. Отсюда «растут ноги рашагейт» и непритворная ярость демократов, страшащихся разоблачения. Все новые секретные документы становятся достоянием гласности. Президент Трамп своим указам разрешил новому Генеральному прокурору департамента юстиции рассекретить те документы, которые последний найдёт необходимыми для выяснения всех обстоятельств, связанных с расследованием комиссии Мюллера «рашагейт».

Естественно, демократы в Конгрессе и средства массовой информации обрушили шквал обвинений против решения президента Трампа. Еще вчера требующие допуска ко всем материалам «Рашагейт» демократы и пресса теперь выражали чрезвычайную озабоченность «непродуманным, глупым решением, могущим создать угрозу национальной безопасности».

Правление демократов в Белом доме способствовало распространению социалистических идей в школах, университетах, в голливудских фильмах, в средствах массовой информации. Демократия — правление большинства, неизбежно ведет к диктатуре.

Демократическая партия США уверенно становиться социалистической. Берни Сандерс, ярый социалист, снова рвётся в президенты. На выборах 2016 года он боролся на равных с Хиллари Клинтон, но вынужден был ей уступить по решению DNC. Если что-то случится с поднятым из небытия Джо Байденом, Сандерс основной кандидат от Демократической партии на президентских выборах 2020.

Платон в своей книге «Государства» утверждал, что избыточная демократия неминуемо влечет за собою тиранию. Римская республика закончилась властью цезарей. Города-государства имевшие выборные системы на высшие руководящие посты, рано или поздно, разъедаемые коррупцией и внутренними конфликтами, попадали под авторитарные режимы.

Великая французская революция, пролив реки крови, закончилась императорской властью Наполеона. Вновь Европа горела пожаром войны, и только стойкое сопротивление России остановило покорение континента, и союзники разгромили армию Наполеона под Ватерлоо.

Социал-демократическое движение в России уничтожило царское правление, оно радикализировалось марксистами в коммунистическое правление с «диктатурой пролетариата». Иосиф Сталин, сменивший умершего Владимира Ленина, повёл страну к построению коммунистического «рая».

Десятки миллионов жертв дичайшего тоталитарного режима строили ГУЛАГ во имя «светлого будущего свободного народа». Сегодняшняя Россия, ничему не научившись, продолжает «свой социалистический путь».

После Первой мировой войны, вновь воспрянувшая Веймарская республика выплеснула на гребень Германской политики национал-социалистическую партию во главе с Адольфом Гитлером.

Никогда еще в своей истории человечество не переживало подобного ужаса уничтожения самой человеческой расы. Никакие страшные сны или фантазии пишущих в жанре «ужасов» не смогли бы сравниться с вурдалаками появившимися вдруг наяву.

Благими намерениям выложена дорога в ад. Благодушная социал-демократическая Европа мостит свою дорогу, наивно полагая, что именно пресловутая толерантность и либерализм есть залог светлого будущего. Сегодняшние улицы европейских городов, больше напоминают осажденные крепости, ворота которых распахнуты настежь теми, кто желает победы новым варварам.

Последним бастионом, пока еще выдерживающим осаду демократов-социалистов, пока держится за океаном США.

Осаждающие даже не сомневались в столь желанной и хорошо обдуманной стратегии захвата рушащейся цели. Хиллари Клинтон должна была стать тем тараном, который пробьёт стену, возведенную отцами-основателями в 1776 году. Никто не сомневался в победе. Как выразился один из тех, кто готовил эту победу: «Шансы сто миллионов к 0». Приди к власти Хиллари Клинтон, Соединенные Штаты Америки, которые мы знаем, изменились бы навсегда.

Но произошло чудо. Победил Дональд Трамп. Только такой человек, как он, может выдержать вот уже 2,5 года постоянную атаку и поношение с высоких трибун и в прессе. Он стоит, как скала, и строит свою Америку, в которой родился и которую искренне любит.

God bless America and you, Mister President!

Гомо Сапиенс 2

Гомо Сапиенс 2

Книга II

Гомо Сапиенс 2

Оглавление

Книга II 127
Благодарность.. 129
Аннотацию.. 131
Начало... 133
Мозг и эволюция..135
Двойственность сознания.. 143
Эволюция гомо сапиенса 149
Завоевание планеты 155
Знания и вера 161
Негативные стороны религии..................................... 169
Природа демократии.. 173
Демократия в США... 177
Коронавирус.. 207
Последствия пандемии коронавируса...................... 221

Гомо Сапиенс 2

Благодарность

В книге использованы материалы, опубликованные в средствах массовой информации, публичных лекциях, дебатах кандидатов, участвующих в предвыборной кампании в США, выступления политиков, ученых. Различные источники информации, находящиеся в открытом доступе.

Первая глава этой части книги ориентируется на исследования и труды российского ученого, доктора биологических наук, профессора Савельева Сергея Вячеславовича. Все права на данные печатные произведения принадлежат издательству ВЕДИ. Профессор С. В. Савельев — палеоневролог, эволюционист, заведующий лабораторией развития нервной системы НИИ морфологии человека Российской академии наук, автор многочисленных книг, лекций и выступлений на радио и телевидении, ученый с энциклопедическими знаниями, посвятил свою жизнь изучению мозга. Его современные идеи и непримиримая позиция в отстаивании собственных довольно смелых и новаторских мыслей о состоянии сегодняшнего социума и причинах, приведших к потере современным человеком объема мозга в среднем в размере 50-280 граммов, — помимо многочисленных поклонников принесла ему немало противников и критиков.

С любезного разрешения издательства ВЕДИ

Гомо Сапиенс 2

Гомо Сапиенс 2

Аннотация

Книга первая рассказывает о происхождении нашего вида Гомо Сапиенс. Вторая часть книги «Гомо Сапиенс» посвящена противостоянию двух основных политических партий США. Вновь избранный президент от Республиканской партии, — Дональд Трамп, — подвергся нападкам и обвинениям со стороны Демократической партии, получившей большинство мест в Палате представителей Конгресса США. Трамп был обвинен в связях с Кремлем, который, предположительно, мог помогать ему во время выборов 2016 года. Книга «Гомо Сапиенс-2» — логическое продолжение отдельно изданной в 2019 году первой части. На первый взгляд может показаться, что начало второй книги противоречит логике происхождения вида Гомо Сапиенс, изложенной ранее. На самом же деле — здесь еще одна версия возможного развития высших приматов, приведшая к появлению нового вида — Гоминидов (лат. Hominidae).

Согласно Википедии, к гоминидам относятся прогрессивные семейства высших приматов, крупные человекообразные обезьяны (шимпанзе, гориллы, орангутанги) и люди. Современные антропологи относят развитие этих видов к гоминидам, основываясь на двух простых критериях: хождение на двух ногах и строение зубочелюстного аппарата (отсутствие ярко выраженных клыков, форма зубной дуги, укороченная челюсть). Мозг гоминидов имеет объем от 600 см^3 (в отличие от мозга приматов, который составляет 300 см^3).

Гомо Сапиенс 2

Для чего нам важно знать и изучать происхождение наших предков, гоминидов? Помимо научного и познавательного интереса к происхождению и эволюции человека — именно там, в глубине тысячелетий, скрывается тайна сегодняшнего человеческого социума. Многие тысячелетия, проходя через естественный отбор, эволюционируя, уничтожая одних и отбирая себе подобных, наш социум подошел катастрофически близко к возможностям, созданным изобретательным человечеством, по уничтожению всего живого на этой планете, а возможно — и самой планеты.

Гомо Сапиенс 2

Начало

Сегодня уже мало кто сомневается, что колыбелью человечества является Африка. Вернее — ее Восточная часть. Новые открытия ученых вносят поправки в изучение истории возникновения и развития нашего вида, Гомо Сапиенс. Все глубже, в миллионы лет назад, уходят новые датировки, связанные с новыми находками и открытиями.

Теория происхождения человекообразных обезьян, от которых произошли гоминиды, одним из первых в цепочке обозначено существо под названием Проконсул. Существовало около 20 миллионов лет назад. Небольшое существо, передвигающееся на четырех конечностях, с объемом мозга 130 см^3. Существует мнение, что на земле существовали и другие древние виды существ, которые могли стать предком человекообразной обезьяны, а затем и человека.

В Африке существовали многочисленные виды приматов, которые вынужденно расселялись на различных территориях нашей планеты в поисках источников питания, но из них выжил до наших дней вид Гомо Сапиенс. Вероятно, наш вид сталкивался с другими видами первобытных людей, жившими в то же самое время. К счастью для нас, победили Гомо Сапиенс.

Первым гоминидом принято считать Австралопитека. Скелет женской особи, названной «Люси», найден в Эфиопии в 1974 году. Возраст этой особи определили в 3,2 миллиона лет. Эволюционисты не считают «Люси» прямым предком Гомо Сапиенс, а относят ее к ветви, стоящей «в самом начале ветви, которая развивалась параллельно с ветвью человека».

Существует распространенное мнение о человекообразных

обезьянах, питавшихся фруктами, обитавших в кронах высоких деревьев и спустившихся вниз, в саванну, поскольку из-за климатических изменений деревья стали более низкими и редкими. Поиски пищи заставили приматов вставать на задние лапы, перемещаться от одного дерева к другому, выпрямляться во весь рост, высматривая возможных хищников, охотившихся на приматов.

Профессор С. В. Савельев, как и многие другие ученые, считает эту версию ошибочной и предлагает свое видение перехода человекообразных обезьян к прямохождению на двух ногах. По его мнению — 20 миллионов лет тому назад Восточная Африка имела очень теплый и влажный климат со множеством водоемов со слегка солоноватой водой. В этой благоприятной среде обитало множество разнообразных рыб, многочисленные виды моллюсков, позвоночные и беспозвоночные, членистоногие, морские улитки и морские водоросли. Отряды земноводных, всевозможных рептилий, цветущая флора и остальная фауна привлекали к гнездованию разнообразные виды птиц.

Для человекообразных обезьян это был настоящий рай. Они заходили в эти солоноватые, с теплой водой, водоемы, наполненные высококачественной белковой пищей в виде икры различных рыб. Стоя на задних конечностях, наши предки шарили лапами в поисках вкусной и полезной белковой пищи, собирали рыбью икру. Именно так, по мнению С. В. Савельева, человекообразные обезьяны привыкали к прямохождению. Нахождение пищи требовало удержать ее в передних лапах, ставших руками. Способность поиска пищи в воде на ощупь, не видя съедобных обитателей фауны, развивало моторно-двигательные участки головного мозга. В таком теплом климате покрывающая шерсть и хвост оказались ненужными, а скорее даже мешали. На окрестных скалах гнездились многочисленные птицы, и, естественно, лазая по скалам, можно было полакомиться птичьими яйцами и что-то унести в лапах-руках с собой.

Такая райская идиллия продолжалась многие миллионы лет, и поскольку еды было вдоволь, и она не требовала особых усилий для добывания — человекообразные обезьяны занимались основным важным делом — размножением. Мозг оставался без особых изменений в размере 300 см^3.

Гомо Сапиенс 2

Мозг и эволюция

Человечество унаследовало свой мозг от наших далеких предков, приматов. Млекопитающие, придя на смену динозаврам, обладали многослойной корой головного мозга. Многие миллионы лет эволюции сделали мозг человека самой сложной в мире структурой, которая управляет всем нашим организмом. Различные разделы мозга отвечают за многочисленные функции нашего тела, а подчас диктуют наше поведение или желания. Как работает мозг человека? Что заставляет нас помнить, думать, переживать эмоции, создавать новое, стремиться к совершенству или предаваться лени? Ученые, занимающиеся проблемами в области физиологии мозга, дают нам разные, подчас противоречивые, мнения не только о функциях мозга, но и о строении последнего. Наш мозг не является самым крупным мозгом на планете, явно уступая таким гигантам как киты, слоны или даже коровы. Средний мозг современного человека составляет в объеме в среднем 1350 см^3, потеряв почти 5% своего объема, по сравнению с мозгом Неандертальца или первобытного Гомо Сапиенса.

Как такое могло случиться за последние 40 тысяч лет эволюции — человечеству еще предстоит разобраться. Причины этого явления, возможно, зависят от истории цивилизации человечества, связанной с постоянными войнами и принуждением к подчинению. Эти условия, плюс влияние религии, подавлявшей интеллектуальную свободу во имя веры в помощь высших сил, глушили естественное стремление в борьбе за выживание. Некоторые ученые считают уменьшение мозга нормальным явлением, поскольку объем увеличивающейся информации приходит все с большей плотностью и сложившиеся социальные отношения в обществе помогают не опасаться за существование самих себя или потомков. Другие ученые полагают, что такие большие потери в объеме мозга человека говорят о серьезных негативных изменениях, грозящих в будущем самому существованию человечества как вида. Мы попробуем с этим разобраться, но сначала необходимо понять, как устроен наш мозг.

В мозг человека приходят все связи от органов чувств в центральную нервную систему. Определенные участки мозга отвечают за различные функции. Два полушария коры головного мозга представляют собой идеальный «командный пункт», куда приходит вся информация, и где принимаются мгновенные решения, и передаются необходимые реакции на меняющуюся ситуацию. Слуховые, зрительные, моторные, сенсорные, обонятельные, вкусовые, осязательные органы передают информацию рецепторам мозга. Центральная нервная система анализирует информацию, вырабатывает ответный сигнал, который передается по нервам в соответствующие органы организма. Передача информации проходит практически мгновенно.

В шестислойном мозге современного человека, в двух полушариях коры головного мозга с бороздами и извилинами, а также в связанном с ними спинном мозге, находятся нейроны, клетки нервной системы, передающие электрохимические сигналы. Кровь человека, состоящая из плазмы жидкого межклеточного вещества, напоминающего по составу морскую солоноватую воду, состоящую из белков, солей, микроэлементов и витаминов, а также различных клеток крови: красные кровяные тельца, белые кровяные тельца и кровяные пластинки. Кровь, по сути, является электролитом, в котором проходят электрохимические сигналы.

Гомо Сапиенс 2

Нейрон — нервные клетки головного мозга человека, принимающие, обрабатывающие, хранящие и передающие информацию при помощи электрических и химических сигналов. Количество нейронов в теле человека, по мнению разных ученых, колеблется от 80 до 150 миллиардов. Нейроны передают сигналы другим нейронам посредством отростков через синапсы. Количество синапсов у каждого нейрона, опять же по мнению разных ученых, колеблется от сотен до миллиона. Причем синапсы постоянно разрушают старые связи и создают новые. Нейроны обеспечивают функции нервной системы. Обрабатывают, хранят и передают информацию. Нервная система реагирует на воздействие внешней среды на организм.

Нейроны формируются в мозге ребенка в период развития в утробе матери. После рождения нейроны только увеличиваются в размере, но не образуются новые. Погибшие в результате травм, внутреннего кровоизлияния или иных причин нейроны не восстанавливаются.

Согласно исследованиям С.В. Савельева — российского ученого, доктора биологических наук, профессора, заведующего лабораторией развития нервной системы Института морфологии человека РАН — мозг каждого человека абсолютно индивидуален. Поверхности полушарий мозга, покрытые бороздами и извилинами, более уникальны, чем отпечатки пальцев. Но главное индивидуальное отличие любого мозга — качественные и количественные особенности строения. Отличия полей и подполей коры полушарий головного мозга могут разниться в сорок раз, а подкорковых структур — едва ли не в четыре раза. В лобной и теменной долях подполя у одного человека могут присутствовать, а у другого попросту отсутствовать.

Такая индивидуальная изменчивость мозга человека, проявлявшаяся по мере эволюции нашего вида, естественно повлияла на развитие истории человеческой цивилизации. Значимая для отбора изменчивость головного мозга оказалась спрятана в его внутренней организации. Мозг человека состоит из различных структур, выполняющих конкретные функции. В процессе эволюции органы чувств, системы управления движениями, постоянно меняющиеся ассоциативные задачи приводили к появлению дополнительных центров обработки информации. Таким образом — мозг позвоночных достраивался на протяжении миллионов лет. В больших полушариях коры головного мозга сосредоточены дублирующие подкорковые центры полей, отвечающих за различные органы чувств и поведение. Нервные центры отвечают за различные органы чувств, двигательно-моторные функции и поведенческие реакции. При разрушении одной связи — вся цепочка, связанная с этой структурой мозга, выходит из строя. Мозг очень уязвим при различных травмах, токсических воздействиях или нарушений в кровообращении. Изменчивость размеров полей коры, а следовательно и числа входящих в них нейронов, также варьируется в зависимости от массы мозга. Головной мозг каждого человека уникален. В коре полушарий головного мозга есть подполя, которые могут быть у одних людей и отсутствовать у других. Такие различия создают непреодолимые разногласия между отдельными людьми. Помимо количественных отличий существуют и качественные, которые еще более способствуют созданию пропасти непонимания между людьми. Даже между близкими родственниками существует разница в строении мозговых структур, поскольку последние не наследуются.

Ученые различают два аспекта развития людей. Первый аспект — эволюция от поколения к поколению, второй — развитие человека в течение его жизни. Новорожденный ребенок имеет только задатки человеческих способностей. Человеком разумным он становится по мере восприятия общественных отношений. Способности заложены в коре головного мозга, в размере полей и подполей. Развитие человека с данными от природы возможностями, позволяют добиться лучших результатов, чем другие, при этом необходимо желание и труд, которые формируют личность.

Гомо Сапиенс 2

Ребенок познает этот мир, и главным фактором его формирования оказывается социальная среда, общество которое его окружает. От предыдущих поколений, принимающих участие в воспитании ребенка, передаются нравы, обычаи, правила и законы общества. Рано или поздно мозг растущего индивидуума приведет его к тому занятию, которое у него будет получаться лучше. Задача родителей — позволить ребенку познакомиться с максимально широким аспектом деятельности человека во множестве областей.

Изучение мозга человека занимало просвещенное человечество во все времена. Однако более детальное изучение мозга человека началось в XVII веке.

Френология — лженаука об изучении связи психического состояния мозга человека со строением черепа. Франц Галль, австрийский врач и анатом, утверждал, что процессы происходящие в мозгу человека, оказывают влияние на поверхность черепной коробки. Он полагал, что по выпуклостям (шишкам) или впадинам можно определить психические свойства человека.

В своем многотомном труде Франц Галль утверждал, что заложенные с рождения физические и патологические особенности мозга человека можно определить обследованием внешней поверхности черепа — и таким образом предсказать его склонности.

В середине XVII века существовало популярное мнение, что связь строения черепной коробки, тела и черт лица связаны с психологическими особенностями самого человека. Теория физиогномики связывала характер человека с внешностью.

Френология и физиогномика явились результатом потребности в науке, объясняющей мотивы человеческого поведения. Император Австрии Франц I запретил Францу Галлю выступать с лекциями. Последний, справедливо опасаясь ареста, бежал во Францию. Френология сохраняла популярность до начала XX века, но развитие нейрофизиологии доказало несостоятельность теории френологии.

Гомо Сапиенс 2

Произошедшая в России революция совершенно неожиданно подтолкнула интерес руководителей Коммунистической партии к изучению мозга человека. После смерти вождя в 1924 году видные коммунисты, в том числе Феликс Дзержинский и Отто Шмидт, заговорили о необходимости изучения мозга вождя революции Владимира Ульянова-Ленина. Они свято верили, что мозг последнего содержит какие-то особенные клетки гениальности, которые необходимо определить, дабы поспособствовать подрастающему поколению в возможном развитии подобных клеток.

Было решено создать научно-исследовательский институт мозга при Академии Наук в Москве. А также создать музей-пантеон мозга, где мог быть помещен мозг вождя всего прогрессивного человечества.

Для руководства НИИ мозга АПН СССР был приглашен известный немецкий анатом Оскар Фогт. Несмотря на значительные валютные расходы — последний пригласил на работу из Германии ассистентов и привез свою жену, которая возглавила практическую работу со срезами мозга, но, что самое важное, Фогт привез уникальное оборудование, аналогов которому в СССР не было.

При участии советских ассистентов мозг Ленина, предварительно помещенный в парафин, разрезали на несколько тысяч частей толщиной в 0,02 мм.

В 1929 году Фогт объявил: «очевидны большие различия между структурой мозга Ленина и обычной структурой мозга». С его слов, секрет вождя скрывался в третьем слое, где одни клетки были намного развитее чем другие. Газета «Правда» обозначила это «важным вкладом в материалистическое объяснение всего физического».

На самом деле — мозг Ленина, объемом 1330 см^3, с поврежденным левым полушарием в результате трех кровоизлияний, ничем особенным не отличался.

Гомо Сапиенс 2

Институт исследований мозга продолжал свою работу, исследуя мозги известных ученых и деятелей искусства. Иосиф Сталин не проявлял интереса к работам института, и Фогт вернулся в Германию.

Работы по изучению мозга Ленина были засекречены, так же как и позднее мозг Иосифа Сталина после его смерти в 1953 году. Известно, что его мозг по объему был равен мозгу Ленина в 1330 см^3. Известно высказывание Ленина относительно Сталина: «Он совершенно не умен!».

Положительным результатом изучения мозга вождя революции явилось создание института изучения мозга человека. Это позволило российским ученым сделать множество современных открытий и создать новое направление в науке изучения мозга человека.

Как бы там ни было — идея выращивания гениев и создания «коммунистического общества новой формации» умерла вместе с СССР.

Тот, кого интересует как функционирует работа мозга, может найти огромное количество литературы, как специальной, так и рассчитанной на любопытного читателя, в различных изданиях, интернете, лекциях и фильмах. В нашу задачу не входит подробное описание конструкции и работы мозга человека. Это задача ученых, занимающихся проблемами мозга. Нас интересует — как мозг влияет на поступки отдельного человека и сообщества в целом, как это изменило человеческое сообщество в развитии и судьбы народов.

Гомо Сапиенс 2

Гомо Сапиенс 2

Двойственность сознания

Нам постоянно приходится принимать различные решения. От повседневных обязательных и рутинных — до сложных, возникающих в процессе всего нашего жизненного пути. Простые рутинные действия и решения принимаются чаще всего инстинктивно. У нас существуют врожденные формы поведения. Инстинктивные: пищевые, половые, обонятельные, оборонительные, реакции на внезапный страх или изменения окружающей среды. Все это результат совокупности нервных структур и связей расположенных в самой древней, доставшейся нам от наших предков приматов, лимбической системе мозга. Эта часть коры головного мозга расположена на внутренней стороне больших полушарий. Лимбическая система как часть коры головного мозга принимает непосредственное участие в формировании высших психических и соматических (физических) функций и обеспечивает осуществление поведенческих реакций, направленных на защиту от возникающих угроз для жизни.

Вот этой лимбической системе, доставшейся нам от наших предков приматов, мы и обязаны трем нашим основным инстинктам, которые особенно проявляются в период полового созревания: еда, размножение и желание выделиться. Этой системе подчинены начальные годы нашей жизни. Девочки созревают обычно к тринадцати годам, а мальчики на год позже.

Поведение в этом возрасте в социальной среде становится непредсказуемым. Гормоны, бушующие в физическом теле, толкают нас на самые неадекватные поступки. Влюбленности и драмы, переживаемые в период созревания, кажутся самыми волшебными или самыми ужасными. Они могут оказаться способными привести к трагическим последствиям или стать самыми возвышенными воспоминаниями на всю оставшуюся жизнь. Гормональные страсти могут бушевать до 30-35 лет, а у отдельных индивидов и гораздо дольше. Лимбическая система, унаследованная от наших предков, приматов, занимает небольшое место в мозге человека, около 10%, но по влиянию на поведенческие мотивы человека способна, в какой-то момент, подавить благоприобретенные правила социального общежития. Борьба между желанием и необходимостью сопровождает человека всю жизнь.

Двойственность сознания также заставляет людей вести двойную жизнь. Практически у каждого человека, есть что-то, что лучше не демонстрировать другим людям. То, что называют «скелетом в шкафу». Такое прячется глубоко в сознании и практически отрицается — как нечто, которое никогда не могло существовать.

Двойственное сознание диктует поведенческие мотивы. Механизм выживания предлагает приспособленческие способы в конкретной среде. Подталкивает к компромиссам и сотрудничеству. Выгодному и приятному кругу общения и поискам собственного места в данной среде обитания. Конформизм (способность к приспособлению) позволяет выполнить главную миссию вида — размножение. Перенос генома современного человека в следующее поколение обставлен романтическими, физическими, плотскими, эстетическими, традиционными или религиозными обычаями, а также радикальными изменениями в судьбе. Создание семьи предполагает взросление, следование традициям, сложившимся в данном обществе. Сам факт вступления в брак говорит о разумном и рассудочном решении участников союза, но по факту является следствием одного из важнейших инстинктов, унаследованных от наших предков-приматов, — размножения.

Двойственность сознания, вопреки древним инстинктам, позволила нашему виду выжить в условиях дикой природы в борьбе со множественными хищниками, с другими племенами каннибалов. Гомо Сапиенсы научились делиться пищей в популяции, преодолевая инстинктивное желание спрятаться и съесть все самому. Для преодоления этого главнейшего инстинкта выживания Гомо Сапиенс смогли заставить свой мозг подчиниться правилам выживания в популяции, что в конечном итоге сделало их людьми.

Разумеется, теория происхождения гоминидов в Восточной Африке, начавшаяся в теплой полуводной среде с обильным содержанием белковой пищи, имеет право быть. Естественно, напрашивается очевидный вопрос: а как обстояло дело с хищниками, которые охотились на все, что могло послужить пищей? В водоемах обитали наши древние предки — рептилии-пресмыкающиеся: крокодилы, игуаны, вараны. На суше рыскали в поисках пищи множественные большие хищные кошачьи. Помимо леопардов — большие змеи тоже охотились именно на приматов. Приятнее заглотить голое существо и медленно его переваривать, чем рогатую, с копытами, косулю, которую переварить сложнее и дольше. В небе летали огромные хищные птицы, которые могли легко подхватить из воды беспомощную жертву, которая была не в состоянии никуда убежать или спрятаться.

Тем не менее — отличное питание и климат способствовали размножению приматов. Вероятно, эти условия остались в генетической памяти высших приматов в качестве «рая на земле.» Можно считать, что нам явно повезло с предками, поскольку далеко не все виды смогли выжить и исчезли навсегда с лица Земли. Вообще, приматам постоянно везло, несмотря на множество врагов и климатические изменения. Высшие

Гомо Сапиенс 2

приматы продолжали борьбу за выживание и тем самым позволили нам, их потомкам, стать людьми и создать цивилизацию разумных существ, живущих на этой планете.

Почему именно приматам суждено было стать людьми и заселить всю планету Земля? Существует мнение, что на эту роль могли претендовать отдельные виды динозавров. Они просуществовали многие миллионы лет. Но они вымерли. А человекообразные обезьяны, став прямоходящими, обзавелись мозгами в объеме 1650 см^3, вышли из Африки, смогли создать цивилизации, науки, искусства и исследовать космос. Каков был наш путь? Через что нам пришлось пройти, и что наш вид ждет в будущем? Это далеко не праздные вопросы. Где-то там, в глубине тысячелетий, хранятся ответы на вопросы дальнейшего существования нашего вида, Гомо Сапиенса. Что подвигло ничем особым не примечательный вид приматов преобразится из довольно агрессивных животных в бесстрашных открывателей новых земель? Они вышли победителями в выживании среди хищников и не менее опасных соседей своего же вида, видевших в них не только соперников, а также вкусный и необходимый корм, чтоб выжить самим. Обживая континенты, будущие хозяева земли едва доживали до 35 лет, изувеченные болезнями и хищниками. Также и природа вдобавок посылала извержения вулканов, холод, ливни, ледяные периоды и тектонические сдвиги. Что произошло в том, столь далеком, прошлом, и как это все начиналось?

Ученые говорят нам, что высшие приматы появились в Африке около 7 миллионов лет назад и расселились в восточной части континента. Подобные данные постоянно обновляются. Ведущиеся повсеместно раскопки и исследования приносят все новые открытия в области антропологии (наука о биологической природе человека). Древнейший вид приматов, который известен как Австралопитек (Australopithecus), род ископаемых высших приматов, имел признаки прямохождения, его относят к группе гоминидов, предшественников нашего вида Гомо

Гомо Сапиенс 2

Сапиенс. Австралопитеки появились около 4 миллионов лет назад и вымерли около 2 миллионов лет назад. Небольшие приматы, до 1,5 метра ростом, ходили на двух ногах. Имели небольшой мозг — до 300 см^3.

Следующим звеном в цепи принято считать гоминидов, которых назвали «питекантропами» или «Homo Erectus» (согласно сегодняшней толерантной моде). Это прямоходящее — то самое промежуточное звено от обезьяны к человеку, которое так долго искали антропологи. Объём мозга питекантропов достигал 950-1200 см^3, они, возможно, изготовляли каменные орудия труда.

Климат в Африке изменился на более холодный. Райские условия поменялись на более суровые, всегда доступная и обильная белковая пища исчезла, и надо было бороться за существование. Австралопитеки повсеместно вымирали, и новая группа гоминидов пыталась приспособиться к новым условиям выживания. В отличие от остального животного мира — гоминиды не имели рогов, толстой шкуры, шерсти, клыков, когтей, чешуи или панциря. Единственное преимущество которым они владели — был мозг, который достаточно быстро развивался. Подобный биологический процесс происходил в результате борьбы за существование. Миллионы лет существования «в райских условиях» с обильной и легко доступной пищей позволили мозгу достичнуть размера не более 300 см^3. Увеличению объёма мозга способствовала борьба за выживание, переход на питание калорийной мясной пищей. Питание мясом других животных, а также простой каннибализм — позволили нашему виду совершенствоваться и увеличивать мозг — единственное оружие, которое сделало человека хозяином этого мира.

Гомо Сапиенс 2

Гомо Сапиенс 2

Эволюция гомо сапиенса

Не было бы счастья, но несчастье помогло. Эта нехитрая фраза могла бы быть эпиграфом к истории появления нашего вида. Как случилось, что мало чем выделяющиеся особи животного мира, приматы, с объемом мозга уже в 900-1100 см^3, не имеющие видовых средств защиты или нападения, стали людьми, хозяевами всей планеты земля. Они существовали миллионы беззаботных счастливых лет, резвясь в благодатном райском климате Африки. Как и другие бесчисленные виды фауны, наши предки наслаждались доступностью разнообразной белковой еды, с большим удовольствием размножаясь в обществе себе подобных. Никаких других развлечений, кроме еды и размножения, они не знали, да и вряд ли бы захотели знать, даже если бы смогли размышлять. Они жили счастливо в больших популяциях, что способствовало защите от других обитателей, ищущих гастрономического разнообразия.

Но, как нам известно сегодня, наша планета, как и все космические объекты, подвержена влиянию Вселенной, и время от времени с ней происходят различные катаклизмы. Одно из таких явлений разрушило столь привычный райский мир. Изменился климат, исчезла обильная, вкусная и полезная еда. Выбор был простой. Выжить, изменив образ жизни и все привычки, или умереть. Большая часть животного мира вымерла. Наш вид, те кто выжил, отправились на поиски мест обитания, где есть еда. Не имея никаких средств защиты или нападения, держась вместе, они шли все дальше, открывая для себя (и для нас) новые места для обитания. Такой образ жизни и постоянная борьба за выживание подтолкнули к активности единственный инструмент, которым владели новоявленные гоминиды, — довольно большой мозг, который способствовал размышлениям и подсказкам — как выживать в этом суровом изменившемся мире. Мы знаем теперь — наш вид, Гомо Сапиенс, победил в этом соревновании на выживание и заселил всю планету. Живя в первобытнообщинных популяциях, состоящих из охотников и собирателей, члены группы делились пищей. Этот важнейший фактор привел к развитию участков в лобных долях, отвечающих за подобный феномен. В животном мире нет подобных существ, способных делиться пищей. Мы не говорим о материнском инстинкте, заставляющий мать заботиться о детеныше. В последующем развитии эти лобные участки головного мозга позволили людям абстрактно мыслить, то есть изобретать то, чего не было в природе.

Совместное проживание в популяции позволяло обороняться от нападения, а также подразумевало совместную охоту на все, что может стать едой, в том числе на представителей своего вида. Каннибализм был естественным образом жизни. Любой, кто нарушал правила, установленные в данном сообществе, мог быть изгнан или принесен в жертву тотему, а затем съеден во время общей трапезы. Также лица, достигшие преклонного возраста, не представлявшие никакой ценности для сообщества, могли быть съедены во время трапезы. Вожак сообщества жесткой рукой руководил семьей-стаей и устанавливал правила и порядки, которым неукоснительно полагалось следовать. За нарушение полгалось изгнание, а чаще смерть. Если вожак становился стар или допускал промахи, он сам становился жертвой, принесенной во время традиционной трапезы. Такие жесткие правила делали членов общины послушными и покорными. Именно тогда закладывались основы изменений в мозге человека. По сравнению с Неандертальцами или Гомо Сапиенсами мозг современного человека уменьшился на 50-250 см^3.

Гомо Сапиенс 2

Подчиняющиеся и легко управляемые люди перестают бороться за выживание, следуя установленным правилам. Большой объем мозга появился в результате постоянной борьбы за выживание и стал сжиматься в связи с отсутствием необходимости в такой борьбе.

Эволюционные процессы биологического отбора являются естественным следствием социализированной жизни людей в популяциях. Неизбежность следования законам сообщества требует от участников соблюдения всех правил и законов на любом историческом отрезке времени, предписываемых данным сообществом или государством. Различные формы наказания за нарушения декларируемых правил в городах - государствах варьировались от всеобщего порицания до тюремного заключения или казни. Всю историю человеческих цивилизаций, в которой мы насчитываем более 5000 лет, продолжался искусственный отбор, отторжение и уничтожение тех, кто не смог вписаться в правила социального сообщества. Религиозная нетерпимость возглавляла этот жесточайший отбор, подвергая непокорных изуверским жестокостям во имя милосердного спасения мифологической души. Века и тысячелетия проходили в истреблении непокорных или несогласных. Перекраивались карты мира, возникали новые страны и исчезали целые народности в кровавом горниле захватнических войн. Крестовые походы и колониальные войны требовали молодых, сильных, лучших представителей человеческой расы для жертвоприношения на алтарь бога войны. Век XX принес две мировые войны и все мыслимые ужасы, перед которыми каннибализм дикарей — невинная трапеза голодного животного. Никакой мозг дикаря не придумал бы сжигать и мучить живых особей, себе подобных, не для еды, а ради своих бредовых расовых теорий, помноженных на садистские наклонности.

Можно только догадываться, какие изменения происходили в мозгах рождающихся поколений, и что могло стать триггером для потери такого значительного объема мозга человека. Есть несколько различных теорий, пытающихся объяснить столь чудовищные поступки внешне разумных людей. Гомо Сапиенс производит впечатление одного вида. Но это внешне, независимо от расы и национальности, а если судить построению мозга — мы настолько различаемся друг от друга, что подчас не в состоянии понимать мотивы и поступки других. Кровавые войны и жесточайшие истребления рас и народов происходят именно из-за того, что мы представляем различные виды гоминидов, с различным строением структур головного мозга.

Чем можно объяснить поведение культурнейшей нации Европы в XX веке, с немыслимой жестокостью первобытных приматов сжигающей и травящей газом целые народы? При этом собирая железнодорожные составы с детской обувью, одеждой, мешки с волосами и вырванными золотыми зубными коронками. Пепел от сожженных тел шел на удобрение полей для большей плодородности урожая. И это были не отдельные жестокие садисты и палачи, получающие физическое удовольствие от страданий беспомощной жертвы. Немцы вовлекли множество других народностей в эту вакханалию кровавой вседозволенности. Чем можно объяснить крайний цинизм и запредельную жестокость при уничтожении собственного народа в Коммунистической России? Китайские хунвейбины, кровавый режим Пол Пота и красных кхмеров, ИГИЛ на Ближнем Востоке, террористы всех мастей, африканские диктаторы-людоеды вызывают оторопь и сомнения в разумности человеческого сообщества.

Существует теория превращения Гомо Сапиенса в кровожадного дикаря поскольку 2-3% в наших генах принадлежат Неандертальцам и в определенные моменты диктуют поведенческие мотивы. Эта теория не выдерживает критики, поскольку африканские вожди-людоеды генов Неандертальцев не имеют.

Еще одна теория приписывает безумные кровавые вакханалии генам от Питекантропов (Homo erectus), далеких предков человека. Обезьяночеловек появился в Африке около 2 миллионов лет назад. Многие антропологи считают, что Питекантропы одними из первых вышли из Африки и расселились на всем Евро-Азиатском континенте. Есть находки на территориях и

Гомо Сапиенс 2

островах Юго-Восточной Азии. Они могли быть связаны с Неандертальцами, Денисовцами в Индонезии, а возможно — и с Гомо Сапиенсами. Вымерли не так давно, 60-50 тысяч лет назад. Есть находки и более поздних останков, 40-27 тысяч лет назад. Более чем вероятно они были каннибалами. Пользовались каменными орудиями труда и огнем для приготовления пищи.

Ведущий ученый России, доктор биологических наук, профессор, руководитель лаборатории по изучению мозга человека Сергей Васильевич Савельев рассказывает в своих книгах, лекциях и выступлениях о своем видении проблемы неадекватного поведения человека.

Непонимание объективных причин, связанных с отсутствием серьезных знаний об эволюции головного мозга человека, биологических инстинктов, подталкивающих человека на завоевание своего места под солнцем любой ценой, способствует появлению у современного человека инстинктивного поведения, характерного для обезьяньего прошлого в борьбе за выживание. Логическое объяснение поступков отдельного индивидуума, как и социального сообщества в целом, заложена в лимбической системе нашего вида, прошедшего длинный и жестокий эволюционный путь отбора от австралопитека до современного человека. С момента объединения гоминидов в сообщества, мозг постоянно подвергался давлению и отбору для сосуществования в популяции. Социальность требует подчинения и выполнения задач, связанных с интересами сообщества и тех, кто этим сообществом руководит. Инициатива наказуема, а посредственность поощряема. Этот принцип естественного отбора в течение всей истории человеческого сообщества привел к тому, что посредственности и те, кто адаптировался к данным условиям, превалировали и преуспевали. Тех, кто высовывался или отказывался подчиняться правилам социума, изгоняли или умерщвляли. В первобытно-общинном обществе, вероятно, приносили в жертву с дальнейшим поеданием. В более цивилизованные времена — подвергали казни или заключению в тюрьму.

Гомо Сапиенс 2

Гомо Сапиенс 2

Завоевание планеты

Люди прямоходящие (лат. «Homo erectus»), или попросту «Питекантропы», мигрировали из Африки большими группами и расселялись в Центральной и Юго-Восточной Азии, и далее на острова. Вероятно именно они перебрались в Северную и Южную Америки. В Грузии нашли череп питекантропа, который датируют периодом около 1,7 млн лет назад. Вымерший вид гоминидов.

Синантропы (Sinanthropus pekinesis — «пекинский человек», лат.) — близкий к питекантропу вид, имели объем мозга 950-1150 см^3. Возможно, умели добывать и пользоваться огнем, использовали каменные и костяные орудия. По всей вероятности, эти оба вышеописанных вида были каннибалами.

Многие ученые считают, что миграций из Африки было несколько, и люди выходили большими группами, переходя на Ближний Восток, а также, возможно, через Гибралтарский пролив в Европу. Есть и третий путь — из Восточной Африки на юго-западную часть Аравийского полуострова. Баб-эль-Мандебский пролив (соединяет Красное море и Аденский залив) 130-180 тысяч лет до новой эры напоминал цепочку отмелей, и группы людей, проникнув на Аравийский полуостров, двигались вдоль побережья океана, расселяясь в Индии, Индонезии, на островах и дальше, в Австралии.

Извержение супер-вулкана Тоба на острове Суматра, произошедшее 75 тысяч лет тому назад, стало самым катастрофическим событием за последние 25 миллионов лет. Ущерб от извержения Тоба поражает воображение. Это, вероятно, стало «бутылочным горлышком» для едва начавшейся человеческой популяции. Территории Китая, Индии, Индостана, Среднего Востока и множества других мест были покрыты миллионами тонн вулканического пепла. Все живое было уничтожено, и наступившая вулканическая зима продолжалась 6 лет. Земля переживала очередной пик оледенения. Население Азии и Сибири практически вымерло.

Гейдельбергский человек (Homo heidelbergensis) — ископаемый вид человека, вероятный предок Неандертальцев и Гомо Сапиенс. Предполагается его существование в период 800-350 тысяч лет тому назад. Пользовался каменными орудиями труда. Первым расселился в Европе и Азии. Имел размер мозга порядка 1300 см^3. Вероятно пользовался огнем.

В Африке изменившийся климат, судя по всему, подтолкнул популяции людей к поискам новых территорий для выживания. В Европе выживала популяция Неандертальцев (Homo Sapience Neanderthalensis) адаптировавшихся к холодному климату. Возможно, эта ветвь людей появилась на Европейском континенте 150-120 тысяч лет назад. Они жили небольшими семьями и расселились далеко на Восток. Это были древние массивные коренастые люди с мозгом в объеме около 1650 см^3. Пользовались огнем, каменными орудиями труда, изготовляли копья с острыми каменными наконечниками и занимались наскальной живописью в пещерах.

Около 40 тысяч лет тому назад на Европейском континенте появились многочисленные популяции Кроманьонцев (Homo Sapiens, Sapiens), наших предков. Объем их мозга сопоставим с мозгом Неандертальца — в среднем также около 1650 см^3. Сапиенсы выжили, а Неандертальцы вымерли. Множество теорий и мнений по поводу данного факта создано многочисленными учеными. Одни утверждают, что Сапиенсы попросту съели соперников, другие высказывают мнение, что Неандертальцы были обречены, поскольку небольшая рождаемость и частая смертность среди детей не позволила этому виду

Гомо Сапиенс 2

выжить. Существует мнение, что вооружение Неандертальцев было намного тяжелее, чем у Сапиенсов, и последние не только перехватывали у них добычу, но могли и побеждать в схватках, если таковые случались. Как бы то ни было, Неандертальцы исчезли, оставив след в наших генах в размере 1-3%. Еще есть мнение, что Неандертальцы питались преимущественно мясом. Гомо Сапиенсы были всеядными, употребляя в пищу помимо мяса дикие фрукты, орехи, рыбу, морепродукты, листья и корешки различных растений, и это поспособствовало выживанию.

Гомо Сапиенс за многие тысячи лет постепенно заселили все континенты планеты, включая Северную и Южную Америки. Охотники и собиратели они перекочевывали с места на место в поисках пищи и лучших условий для существования. Помимо суровых климатических условий, в которых они обитали, эти первобытные люди, по всей вероятности будучи каннибалами, противостояли не только различным хищникам, но и другим враждебным племенам каннибалов, желающих отведать на вкус вновь прибывших и, возможно, захватить самок для размножения. Большой, но пока еще неразвитый, мозг требовал выполнения трех главных биологических условий выживания, доставшихся человеку от предков-обезьян. Еда, размножение и соперничество, превосходство над другими индивидами данного сообщества — для получения большего количества пищи и самок. Без достаточной еды невозможно размножение. При отсутствии размножения вид вымирает.

Доминантность — потребность превосходства в среде себе подобных. Первобытное общество людей подчинялось общим биологическим законам, оставшимся еще от предков-гоминидов. Как и многие другие виды животных, которые живут в стаях, наши предки существовали в группах, объединенных поведенческими механизмами. Они жили большими популяциями — семьями, во главе которых находились вожаки. Доминантный, то есть преобладающий, вожак, господствующий над племенем, мог выбрать лучшую еду, лучшую самку (или нескольких) и потребовать от других выполнения его команд и требований. Вожак должен быть самым сильным или самым хитрым (собрав группу из слабых и льстивых), чтобы доминировать в стае-семье себе подобных. Его авторитет должен быть непререкаемым, и любой, посягнувший на это место, должен быть убит и съеден, или изгнан из сообщества. Такое изгнание практически означало смертный приговор, поскольку выжить в одиночку в дикой природе, среди множества опасных хищников, было практически мало реальным.

Первобытные люди жили в популяциях, состоящих из родственного типа особей, связанные необходимостью кооперации с себе подобными. Сообща легче охотиться на крупную добычу и отбиваться от различных хищников. Самки выращивали детенышей, последние, подрастая, следовали природным инстинктам, продолжению своего рода. Совместная охота естественно приводила к общим трапезам, тем самым вынуждая членов сообщества делиться пищей с остальными. Такой образ жизни в социуме повлек за собой важнейшие изменения. Биологические поведенческие инстинкты подавлялись необходимостью соблюдать правила совместного проживания в популяции. Совместное проживание, в свою очередь, способствовало необходимости в общении. Разрешение возникающих разногласий, координация общих действий во время охоты и согласование множества других бытовых коллизий. Произносимые звуки складывались в слова и образы. Охотники, рассказывая о приключениях во время охоты, наверняка размахивали руками и движениями создавая волнительные сцены погони и сражения. Ритуальные танцы и боевая раскраска воинов сохранилась до наших дней.

Возможно, тогда, в ходе эволюции, возникла голосовая коммуникация, что потребовало перестроения глотки, языка и рта для произношения не только звуков, но и создания набора слов, описывающих действия и предметы. В животном мире только человек обладает формой вербальной коммуникации. Перейдя от жестов к звукам и создавая ассоциативные образы описываемых предметов и действий, человек сделал гигантский шаг, еще более удаляясь от наших предков-приматов.

Использование огня окончательно закрепило этот разрыв. Человек научился готовить пищу на огне, тем самым создав внешний пищеварительный процесс. Прежнее потребление сырой пищи с последующим длительным перевариванием не только усложняло сам процесс, но и было более опасным для здоровья.

Что двигало нашими далекими предками на дальнейшее переселение в неизведанные и незнакомые места (помимо изменившегося благоприятного климата)? Любопытство первооткрывателей, страсть к чему-то новому и неизведанному?

Необходимость новых мест для охоты и собирания съедобных даров природы? Скорее всего — это была вынужденная мера для сохранения собственной жизни. Подраставшее молодое поколение, — те, кто не хотел подчиняться законам семьи-популяции, а, вернее, доминантности вожака, — могли быть изгнаны или убиты. Они могли восстать и убить стареющего вожака. Также подросшие члены сообщества могли просто сговориться и захватив нескольких самок, уйти дальше вперед, на неизведанные земли, основывать новые поселения. Через такое вынужденное переселение могло проходить каждое новое поколение. Учитывая, что расселение по планете происходило в течение многих тысяч лет, люди смогли заселить всю планету.

Естественно, большинство было таких, кто предпочитал подчиниться воле вожака и остаться в сообществе — вместо рискованной свободы и неизвестности. Страх потерять свое устоявшееся место в сообществе, хотя и подчиненное, но гарантирующее защиту и хоть какое-то пропитание, пересиливал желание свободы. В социализированном обществе индивидуальное стремление к воле подавляется инстинктом выживания и приспособления.

Гомо Сапиенс 2

Гомо Сапиенс 2

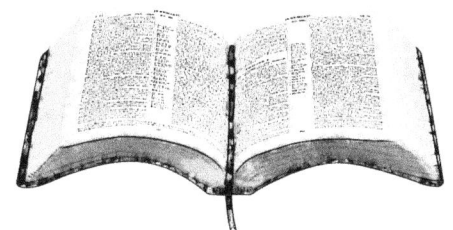

Знания и вера

Вероятно надо сказать, что сегодня при таком количестве новой информации и знаниях о происхождении человека, его расселении по всей планете, достижений науки во всех областях, любой образованный человек, вероятно, понимает эволюционный процесс, приведший высших приматов к сегодняшнему «человеку разумному». Логично было бы предположить, что, обладая подобными знаниями, человек уйдет от религии и воздаст должное тому, как нашему виду удалось не только выжить, но и подчинить себе атом и пространство, выйти в открытый космос. Быть религиозным сегодня, при том уровне науки и знаний о происхождении человека, несколько наивно.

Вместе с тем, население земли к 2020 году приближается к 8 миллиардам. Из них:

Христиане в доле в населении Земли — 33%,

Ислам — 22%,

Индуисты — 15%,

Буддисты — 7%,

Иудаизм — 15 миллионов,

Нерелигиозные — 13%,

Многочисленные религиозные группы — 2,7%.

По прогнозам ученых — ислам опережает прирост христиан и может в перспективе стать доминирующей религией в обозримом будущем.

Гомо Сапиенс 2

Когда и как появились различные религии? Что они дали человечеству и как повлияли на нас? Страхи любого живого существа базируются на подсознательном уровне. За многие миллионы лет существования инстинктивный страх приучил живые существа прятаться, избегать непонятных (и потому еще более устрашающих) явлений. Природные катаклизмы, резкие перемены в окружающей среде, грозы, падающие камни или деревья — все внушало страх и трепет. Гоминиды, едва научившись мыслить, жили в общинно-родовой орде, поскольку только так можно было выжить в тех условиях, подчиняясь воле вожака-шамана. Подчинение силе, а зачастую и вера в потусторонние силы шамана, помогали вожаку управлять и руководить семьей-ордой.

Можно с большой долей вероятности предположить, что ранней формой религии в первобытном обществе являлось одушевление окружающей среды, диких животных, явлений природы и страхов, связанных с ними.

Тотемизм и шаманизм появились, едва первобытные люди смогли объединиться в родоплеменные общины. В такой группе было легче и безопаснее выживать — среди множества хищников и каннибалов своего же вида. Родоплеменные общины состояли из охотников и собирателей, объединенных общей верой в таинственных духов, угрожающих или помогающих выживать. Вожак племени мог возглавлять ритуалы и молитвы духам, а мог опираться на более харизматичных и послушных членов общины, ведущих религиозные обряды. Молитвы, танцы, песнопения, шествия, камлания, магические заклинания или другие ритуальные действия. Такие проторелигии существовали множество тысячелетий прежде, чем появившиеся первые цивилизации стали строить первые храмы-зиккураты для поклонения множественным богам.

Различные первобытные сообщества выбирали свои формы почитания и служения духам, могущих влиять на жизнь и благополучие данного сообщества. Это мог быть дух умершего предка, небо, звезды, солнце, дух животного как родоначальника данного сообщества, природные явления и прочие выбранные тотемы или фетиши. Такие божества могли быть как покровителями племени, так и существовать как нечто угрожающее своим могуществом самому существованию данного сообщества. Божеству следовало поклоняться, делать жертвоприношения, восхвалять в песнопениях и ритуальных танцах.

Вера во множество духов, населяющих окружающую среду, формировало мировоззрение о главенствующих и второстепенных в иерархии духов. Злые и добрые, помогающие и карающие, покровительствующие и противоборствующие. Чтобы разбираться со всем этим множественным сонмом божеств, приносящих как удачу, здоровье, а также болезни и несчастья, понадобились специальные люди с определенными знаниями и умениями для выполнения различных обрядов. Колдуны, шаманы, служители культов, гадатели и лекари. Вожак-шаман первобытной общины мог соединять в себе все эти качества, а мог пользоваться группой помощников-служителей, выполняющих ритуальные практики первобытной общины.

Шаман — посредник между общиной и миром духов. Вера в выполнение определенных ритуалов шаманом, его способность поддержать благополучие, избежать опасности или излечить болезни — ранняя форма религиозных верований. Первобытная религиозная культура — шаманизм — сохранилась до сегодняшних дней среди множественных народов, верящих в мистические возможности шаманов путешествовать и общаться в мире духов. Сакральный статус шамана поддерживается ритуальными танцами, песнопениями, ударами в бубен или используя другие музыкальные предметы, заклинания и особую технику «шаманского транса».

Вполне вероятно, что шаманизм — одна из форм религиозной культуры, существовавшей многие тысячелетия до появления первых цивилизаций и религий многобожия. Шаманизм существует и сегодня среди различных народностей по всему миру. Колдуны, ведьмы, различные «специалисты» черной и белой магии выжили в борьбе с религиями и успешно практикуют в настоящее время.

В современных религиях можно найти обряды, сохранившиеся от шаманизма.

Суеверие — основа веры. Религия базируется на вере. Неважно — во что или в кого должен поверить неофит (новообращенный). Прежде чем стать частью религиозной конфессии — все постулаты и догмы провозглашенного учения должны были быть приняты безоговорочно. В первой части этой книги довольно подробно рассказано о религии. Неважно — какого толка любая религия, они все призваны дать человеку больше, чем его просто физическая жизнь на этой планете. Религия ввела в сознание человека нечто божественное и совершенное, которым человек должен обладать на всем своем жизненном пути — душу. Этот божественный дар временно дан в безвозмездное пользование и после физической кончины бренного тела может перейти к другому физическому лицу, поскольку душа бессмертна. Эта самая душа настолько эфемерна и чиста, что никакие грехи человеческие неспособны ее запятнать. Плоть, физическая оболочка — зачата в грехе и продолжает совершать греховные поступки в силу своей слабости, но светлая божественная душа искупает грехи телесные.

Все помыслы и чаяния человека должны быть направлены на молитвы и исполнения всех необходимых ритуалов, дабы Господь поверил в искреннее раскаяние и страстное желание искупить грехи — вольные или невольные. Поскольку человек зачат во грехе, это означает, что он уже должен. Замолить или исправить этот грех и множественные другие (греховные мысли, поступки, нечестивые желания) — требует покаяния, постов, молитв и естественно пожертвований на святое дело. Жрецы, посвятившие свои жизни служению божества, могут помочь вставшим на путь исправления грешникам. Тем же, кто упорствует во грехе своем, Бог посылает через своих верных служителей наказание на этой грешной земле. Это, разумеется, не самое страшное наказание, но достаточное болезненное — пытки, заключения в тюрьмы, казни. Самое страшное наказание ждет грешников после окончания бренной жизни. Для нераскаявшихся грешников наказание длится вечность, и одна мысль об этом должна заставить любого закоренелого в грехах содрогаться от ужаса.

Те, кто знаком с Торой (Ветхим Заветом), помнят, как внук Авраама Иаков-Израиль после многих лет работы на своего дядю Лавана за двух его дочерей решил вернуться на родину вместе со своими женами и детьми. Они ушли тайно, не попрощавшись, поскольку опасались, что их не отпустят. Одна из жен, Рахель, забрала фигурки различных божеств, которым поклонялись в доме Лавана. Последний, спохватившись, что его дочери вместе с зятем и внуками исчезли, а с ними пропали и фигурки богов, организовал погоню.

Беглецов догнали, и Лаван справедливо упрекал зятя за то, что он ушел тайно, не дав проститься с дочерями и внуками. Особо были отмечены пропавшие фигурки богов. Иаков про фигурки ничего не знал, и все кончилось миром.

Для нас этот эпизод интересен тем, что этот момент был рубежом, отметившим переход от политеизма к единобожию. Иаков, внук Авраама, стал третьим Патриархом после своего отца, Ицхака. Так повествует Тора — Ветхий Завет (3,5 тыс. лет назад).

На самом деле, в пантеоне многочисленных богов всегда существовал главный бог. Он не был единоличным богом, как в иудейской религии, но в иерархии занимал главенствующее место. Такими богами были: в шумерско-аккадской мифологии — Ан(у) (отец богов), в буддизме — Будда, в египетской — бог солнца Атон, в греческой — Зевс, в римской — Юпитер. В политеизме существовала иерархия различных богов, обладающих властью над различными природными явлениями. В различных религиях боги отвечали за разные сферы влияния. Боги восставали друг против друга. Они могли вступать в родственные отношения друг с другом. Верховный бог разрешал противоречия, возникающие между богами.

Определенному божеству приносились положенные приношения, сопровождаемые нужными молитвами, связанные с надеждой на исполнение данным божеством просьбы обращающегося. Основой любой религии является мифология. Магия, вера в определенные ритуалы и молитвы, давала надежду на исполнение определенной просьбы в случае благосклонного принятия молитвы и приношения.

Монотеизм (единобожие) пришел на смену политеизму (многобожие) как наиболее прогрессивная вера в единого живого бога, заменившего поклонения мертвым идолам многобожия.

Иудаизм основан на вере в единого живого Бога, создавшего весь мир. Этого бога нельзя увидеть или услышать. Его повеления передавались через выбранных им пророков. Моисей получил прямое указание от Бога в виде десяти заповедей, высеченных самим Богом на двух каменных скрижалях. Пятикнижие Моисеево, как указывается в Торе, написано Моисеем лично при жизни (XVI век до н.э.) и вошло в Тору (Ветхий Завет) как первые пять книг Библии. По сути, это учение о сотворении мира его творцом — Богом. Далее повествуется о создании человека и его грехопадении. История патриархов от Авраама и переселения его потомков в Египет. Освобождение иудеев из плена и получение Скрижалей Завета. Переход к границам земли, которую Бог обещал (обетовал) отдать во владение потомкам Авраама.

Нет точных знаний, когда устная Тора была впервые записана. Существуют определенные аргументы, что письменная Тора появилась после возвращения иудеев из Вавилонского плена (III век до н.э.). Считается, что Скрижали Завета, вместе с оригиналом Пятикнижия Моисеева, хранились в ковчеге, который был утрачен при разрушении Храма войсками Навуходоносора в 586 году до н.э.

Доктрина христианства канонизировала тексты Торы, Писаний и Пророков, включив их как «Ветхий Завет» в первую часть Библии. Согласно этой доктрине — Бог является триединым: Бог-Отец, Бог-Сын и Святой Дух. Эта концепция Бога отражена в символах христианской веры. Эта религия возникла около 33 года в Иудее, связана с учением и жизнью Иисуса Христа (греч. — «помазанник»). Христианство возникло как секта в иудаизме, но вскоре отделилось в самостоятельную религию.

Ислам возник на Аравийском полуострове на 700 лет позже христианства. В исламе Аллах (араб. — «Бог») не имеет множественного числа и являет концепцию единого Бога, единственного, достойного поклонения. Ислам признает священные писания Таурат (Тора), пророка Мусу (Моисея), Инджиль (Евангелие), Ису (Иисус). Коран ниспослан пророку Мухаммеду. Ислам насчитывает многочисленных приверженцев по всему миру.

Подобные религии (вера в верховное божество) существуют в индуизме, сикхизме, буддизме, в древнеегипетской мифологии, славянской мифологии, китайской, японской и среди приверженцев других верований. Наука не может привести какие-то доказательства существования Бога. Такие понятия как: душа, рай, ад, святость и т.д., — не могут быть исследованы. Любые доказательства божественного могут быть приняты только как догма (истина, не требующая доказательств).

Право на религиозную свободу является одним из краеугольных свобод, завоеванных бесчисленными количествами жизней, отданных во имя этого права. Религиозность относится к области психики человека. Страх перед неизвестностью, ужас, внушаемый природными катаклизмами, неизбежность смерти и поиски силы, способной защитить, дать надежду на спасение, привело человечество к религии.

Человеческие слабости и фобии заставили мозг искать защиту высших сил и поиски путей и контактов с высшим, всесильным божеством. Религия, спасение от одиночества, опора от отчаяния и утешение в трагические минуты. Высшее божество — это отец, суровый, но любящий. Он может наказать за грех, но может и простить, увидев искреннее раскаяние. Надежда — основа религиозной веры. После молитвы мозг впрыскивает человеку гормоны счастья: эндорфин, дофамин, серотонин. Эти гормоны вырабатывает наш организм также при употреблении некоторых продуктов. Шоколад, бананы, клубника, апельсины. Возможно искусственное повышение содержания гормонов счастья в организме в медицинских целях.

Монотеистическая религия запретила человеческие жертвоприношения и каннибализм, установила определенный кодекс ценностей. Доброта, любовь, помощь другим, семья, контроль за эмоциями и страстями. Религия установила традиции — от рождения и до смерти. Празднества, общие молебны, торжественные ритуалы и песнопения. Религия вызвала к жизни многочисленные гениальные произведения в разных областях искусств. В архитектуре, живописи, скульптуре, музыке, литературе, науке. Религия способствовала распространению образования и созданию письменности.

Гомо Сапиенс 2

Негативные стороны религии

Любая религия имеет отрицательные стороны, оказывающие негативное влияние на сознание людей. Помимо мифологичности построения любая религия базируется на догме веры в правоту всего изложенного. Религия нетерпима к сомнениям или критике любого постулата, однажды утвержденного главенствующими авторитетами. Сомнение — есть грех. А следовательно — грешащий наказывается в соответствии с традициями. От поста и покаянной молитвы — до приговора лишения жизни. Кара «грешника» может распространяться как на непосредственного «виновника» греха, так и на целые народы, «грешившие» перед Богом. Страх неизбежного наказания подчас страшнее самого наказания.

Религиозные лидеры создают определенные иерархические структуры для управления паствой и взимания положенной мзды. Нетерпимость и стремление подчинить своему влиянию как можно больше населения вели к религиозным войнам и массовым истреблениям сопротивляющихся насильственному понуждению к принятию новой веры. Такие войны происходили на заре создания первых цивилизаций и продолжаются вплоть до нашего времени. Религиозные люди подвержены строгому влиянию и убеждены в правоте провозглашенных догм. Им не нужны доказательства, а достаточно надежды на прощение придуманных грехов. Любые явления происходящего вокруг объясняются проявлением божьей силы. Безвольность и надежда на помощь Бога, сознание о принадлежности к особой касте посвященных в таинства делают психологию людей рабской и покорной.

Религия тормозит развитие наук и интеллектуальный потенциал человека. Невежественный бред, не выдерживающий никакой критики, логических объяснений, здравого смысла или научных исследований, требует признания божественного провидения как реальный факт. Такой подход не требует каких-либо знаний, обучения наукам, любым другим познаниям, если они не подтверждают божественного построения вселенной. Разум, отравленный наркотиком религиозной веры, ввергает мозг в гипнотическое состояние покорности, которое легко может перейти в крайний фанатизм и агрессию, призванную защитить веру от хулителей. Естественные инстинкты, заложенные в человеке многотысячными годами эволюции, требуют выхода. Диктат веры приказывает под страхом наказания и отлучения исполнять положенные предписания. Сами служители веры, чья психика нарушена многочисленными запретами, переносят негативные проявления подавленных естественных потребностей на свою паству. Сколько поломанных жизней и исковерканных судеб не сможет сосчитать никто.

Подавление воли, страх наказания за ослушание ведет к деградации личности. Цена подавления индивидуальной свободы человека, его естественного стремления к решению собственной судьбы, оказалась невероятно дорогой.

Меняются идолы, но остается суть — вера. Последователи Карла Маркса, в 1917 году захватившие власть в России, свергли царское правление, запретили любую религиозность. Взамен было предложено верить в учение марксизма-ленинизма и светлое будущее коммунизма. Многим такое новаторское решение многовековых религиозных проблем показалось гениальным, и они охотно примкнули к проповедникам новых идолов. Тем, кто не принимал нового истинного учения, места в движении к светлому будущему попросту не было. Кому повезло, смог уехать. Оставшихся ждала простая участь. Концентра-

Гомо Сапиенс 2

ционные лагеря с каторжным трудом, которым можно было отсрочить смерть, или попросту пуля в затылок, после пыток и избиений. Многие верой и правдой служили новой власти, поверив в новую религию, но и они часто разделяли участь тех, кто не смог убежать.

В Германии пришедший в 1933 году к власти Адольф Гитлер открыл нации новую религию — национал-социализм. Невообразимую смесь из социализма, фашизма, нордического расизма, антисемитизма, древней германской арийской мифологической традиции и расового превосходства немцев над всеми другими нациями.

Милитаристская машина, приведенная в действие бесноватым фюрером, ввергла в XX веке весь мир в пучину войны. Невиданная бесчеловечная жестокость, лагеря уничтожения, десятки миллионов убитых, отброшенное на многие годы назад человечество — итог новой веры. Страшнее этого кошмара человечество еще не испытывало в своей новейшей истории.

В современном мире человечество ждет новое испытание. Радикальный исламизм дал метастазы, разбросав их по всему населенному земному шару. Он агрессивен и непримирим. Исламисты требуют ввести повсеместно законы шариата. Они готовы к религиозной войне. Это будет пострашнее власти безумного фюрера. Они рвутся к владению атомным оружием. Не будет побежденных и победителей. Погибнут все. Радикальный исламизм верит в награду после смерти. Такую религию победить невозможно. Потеря 250 см^3 объема мозга более чем существенна для нашего вида. Религиозный диктат внес весьма существенную лепту в этот процесс, что грозит непредсказуемыми последствиями человечеству как виду. Миллионы лет эволюции позволили нашему виду Гомо Сапиенс стать настоящими людьми с развитым мозгом объемом в 1650 см^3. Потеря такого весомого объема мозга за короткий исторический период в сорок тысяч лет заставляет задуматься о причинах таких катастрофичных потерь.

Гомо Сапиенс 2

Гомо Сапиенс 2

Природа демократии

«Уже самый факт происхождения человека из животного царства обуславливает собой то, что человек никогда не освободится полностью от свойств, присущих животному, и, следовательно, речь может идти только о различной степени животности или человечности».

Фридрих Энгельс «Анти-Дюринг»

«...труд изменяет отношение человека к природе, а отсюда и человек изменяется в труде, посредством труда», «...сами они (люди) начинают отличать себя от животных, как только начинают производить необходимые им средства к жизни...свою материальную жизнь».

«Не сознание людей определяет их бытие, а наоборот — их общественное бытие определяет их сознание».

«...человек — это сырьё, которое нельзя изменить в плане его структуры (например, устройство мозга с доисторического времени)».

Карл Маркс

Гомо Сапиенс 2

Размышляя над своей теорией перестроения несовершенного общества, Карл Марк исходил из предположения, что человеческий мозг у всех представителей нашего вида одинаков. Задача устроителей нового общества — отделить и вырастить новое поколение, лишенное рабской психологии подчинения и почитания авторитетов. Это новое поколение, свободное духом и полным отсутствием иллюзий рабского низкопоклонства, разрушит старый мир до основания и построит новый совершенный мир. Такой мир, по мнению Маркса, основанный на равенстве всех трудящихся свободных людей, даст толчок к новому неизведанному могуществу и превратит планету в цветущий рай.

К сожалению, во времена создания теории марксизма человечество мало что знало о строении мозга человека. Прекрасные предположения Карла Маркса базировались на ложных представлениях о том, как мозг влияет на поведение человека. Как известно, правило логики гласит — если изначальный посыл неверен, то и все последующие положения неверны. Мозги человека настолько различны и индивидуальны, что порой создается впечатление, что мы произошли от различных видов высших приматов.

Отсутствие знаний о строении мозга и его особенностей сыграли злую шутку с основоположником марксистского учения. Постулат равенства мозгов всех людей, созданный на базе теоретической философии Карла Маркса, не учитывал не только разницу по мозгам у разных людей, но и многочисленного разнообразия рас, происхождения, территориальных особенностей, наследственности и прочих многочисленных особенностей, что привело мир, в конечном итоге, к величайшей трагедии человечества. Верные ученики и последователи марксистской теории во главе с Владимиром Ульяновым-Лениным, вдохновленные завлекательным учением, пришли к напрашивающимся выводам. Основоположник марксизма указал прямую дорогу к созданию райского будущего. Необходимо захватить насильственным путем власть, уничтожить всех, кто являлся носителем идеологии, отличной от марксисткой. Затем создать новое поколение, обучить и воспитать его в марксистском духе, и вот такое поколение примется строить светлое общество равных возможностей — коммунизм. Понятно, что прольется много крови, и придется уничтожить значительную часть непригодного народа, но коммунистам по плечу любые задачи.

Для достижения всеобщего счастья необходимо разжечь мировой пожар в котором сгорит старое, обветшалое и бесполезное общество, и вот на этом всемирном пепелище начнется строительство великого общества будущего, где все будут равны и счастливы.

Своеобразная Римская демократия привела к диктатуре Цезаря и многочисленных тиранов-цезарей после него. Великая французская революция закончилась диктатурой Наполеона. Волны многочисленных войн, затопившие всю Европу, закончились катастрофическим поражением Франции. Многие годы сражений принесли передел территорий, разруху, бесчисленные жертвы населения во всех странах, участвовавших в конфликтах.

Раны, нанесенные национал-социалистической расовой философией Гитлера, еще не зажили, хотя прошло уже 75 лет. Марксисты, захватившие власть в России, пролили моря крови, утопив в них цвет нации, создали тираническую власть — на многие годы перешедшую в олигархическо-чиновничье правление, разрушившее некогда единое могучее государство.

В России утопическая теория Маркса при элементарном непонимании устройства мозга человека и при помощи верных последователей марксистского учения разрушила все до основания. Через 75 лет Россия решила вернуться к рыночной экономике. Сталинскому правлению в 30-х годах XX века, демократическо-либеральный мир рукоплескал в упоении. Строителям коммунизма помогали десятки тысяч энтузиастов, которые побросав свои отсталые отчизны, мчались помогать в строительстве великой светлой мечты.

Гомо Сапиенс 2

Слетаясь, как глупые бабочки, привлеченные огнем, они сгорали в немыслимом пожаре, бушевавшем на огромной территории бывшей Царской России, ныне разоренной дотла, с разрушенными городами и уничтоженными наиболее образованными и лучшими представителями нации. Вождь мирового пролетариата вскоре помер, и после яростной грызни новый вождь засиял над разоренной страной на 30 долгих и ужасных лет. ГУЛАГ исправно перемалывал запуганное порабощенное население, возводя монументальные сооружения в честь вождя народов коммуниста Иосифа Сталина.

Пришло его время, и кровавый диктатор умер. Но дело его живет. Все новые вожди по всему миру, вдохновленные идеей построения общества равных возможностей, используют лицемерную власть, где население является добровольными рабами, а властители разрушают сознание людей и экономику подчиненной страны с целью извлечения максимальных прибылей для правящего класса.

Демократия в США

По другую сторону мирового океана на территории Северной Америки расположена страна, принципы демократии которой возведены в доктрину, изложенную в конституции США. Демократия является «священной коровой», и базовые принципы, заложенные отцами-основателями, неприкосновенны. Расцвела пышным цветом еще одна новейшая религия — радикальный демократизм. Едва ли не большая половина населения земного шара однозначно является убежденными сторонниками этой идеологии. Они верят в то, что только демократия является основным верным построением современного общества, что все другие формации ведут к неравенству и, как следствие, — к диктатуре богатых. Толерантность — постулат религии XXI века — как и всякое другое утверждение, не требующее доказательств, доводит своих адептов до крайней степени нетерпимости к любому, кто осмелиться усомниться в истинности декларируемых постулатов. Принципы декларируемого либерализма превалируют над здравым смыслом. Покушение на право выражать свой гнев, громя и сокрушая все вокруг, не воспринимается как насилие. Радикалы и разрушители уже во власти и избраны демократическим путем. Толерантность к угнетенным собратьям и яростная ненависть к тем, кто не разделяет эти ценности готовит на горячей адской кухне варево, способное отравить весь вид Гомо Сапиенс.

Гомо Сапиенс 2

Либеральная демократия, ворвавшаяся во власть в последние два десятилетия, давно пережившая свой век в различных ипостасях политическая модель — причина нынешнего неспокойного состояния большинства людей в современном обществе. Задуманная как средство реализации свободы и справедливости, как спасение от тирании, она враждебна устройству и культуре современного общества. Демократический либерализм несостоятелен и практически не работоспособен. Свобода становится своеволием, а желание не подчиняться общепринятым моральным правилам и ценностям — декларируется высшим достижением свободы. Зло объявлено добром.

Демократический процесс избрания власти порождает диктатуру избирателей — по сути, насилие большинства над меньшинством. Граждане страны, которым не безразлична принятая система ценностей, свобода предпринимательства, защита границ страны, гражданские свободы, приоритет страны и населяющих ее граждан, всегда смогут выбрать лучшего кандидата. Либералы всегда выберут худшего, защищающего либеральные социалистические ценности, открытые границы, приоритеты бесплатной раздачи благ и медицинских услуг всем тем, кто ничего не сделал для создания ценностей данного сообщества. Следовательно, власть либеральных демократов — это вопрос времени. Их становится все больше в силу объективных причин. Либеральные демократы борются за открытые границы — с целью привлечения в страну неимущих и малообразованных. Понятно, за какого кандидата эти люди будут голосовать. Разнообразные блага, созданные государством для бедных слоев населения, только способствуют нежеланию бороться за собственное место в обществе. В бедных семьях рождается больше детей, которые в свою очередь пополняют ряды просителей государственных пособий. Это уже доказано не раз самим обществом.

Свобода политической борьбы, ведет к раслоение общества на тех, кто создает материальные ценности, и на тех, кто пользуется этими плодами, но последние требуют не просто равную долю от заработанного благосостояния, но хотят пре- бывать во власти для проведения в жизнь своего видения пере- устройства общества. Либеральные демократы, победив на демократических выборах, становятся законодателями, проводящими свои законы в обществе. Для борьбы с этим явлением нужна новая политическая модель на основе существующей конституции — с поправками на сложившуюся ситуацию в обществе. Простое большинство будет принадлежать тем, кто требует пользоваться благами общества для своего личного благоустройства, не внося своего личного участия в данное благополучие.

Смысл политической системы общества — общее благо. Именно ради этого принимаются законы и работают высшие должностные лица. Соответственно, доступ во власть должны иметь только люди способные видеть общее благо и ставить его выше личного. Но не на словах, произнося красивые слова, а на деле, — доказав свое умение в бизнесе или защищая страну. Общее благо может быть достигнуто при условии, когда все члены общества имеют одинаковые права и обязанности и подчиняются правилам, изложенным в конституции общества. На этом базируется выборность между кандидатами, достойными доверия. Многолетнее пребывание во власти должно быть ограничено двумя сроками. Поправки к конституции должны исключить попадание во власть людей случайных, выбранных противниками американского общества и страны как таковой.

Противостояние тех, кто за свободу предпринимательства и частной инициативы и тех, кто хочет государственного контроля за всеми формами экономической деятельности, не сможет разрешиться никакими согласованиями или соглашениями. Эти разногласия абсолютно биполярны и могут привести к агрессии и открытой конфронтации. Любые социальные потрясения или революции происходят вследствие недовольства существующим положением тех, кто не смог добиться успеха или положения в социальной структуре общества. В своих неуспехах подобный индивидуум винит не себя, а несправедливое устройство сообщества. Это преподноситься как угнетение от власть предержащих, не позволивших данному индивидууму проявить свой талант и возможности. Противники подвергаются жесткой критике и шельмованию. Рано или поздно в таком неустойчивом сообществе появляется лидер, который подтверждает сомнения по поводу несправедливости устройства данного сообщества и призывает к насильственному свержению данной власти и установлению справедливого распределения благ между теми, кто был угнетаем.

Подобный лидер обрастает приверженцами, по большей части — радикальной молодежью, жаждущей перемен. К ним примыкают неустойчивые и экзальтированные меньшинства, авантюристы всех мастей, надеющихся погреть руки на разгорающемся пожаре. Те, кто не смог по различным причинам найти свое место в обществе. Идеология подобна религии. Она не требует доказательств, а требует просто убежденности в правоте проповедуемой идеи. Несправедливость устройства современного общества объявляется главным злом, против которого необходимо бороться, объединившись вокруг Демократической партии и ее лидеров. Цель либеральной демократии — победа на выборах в верхние эшелоны власти. Пользуясь демократической системой устройства страны, либеральные демократы объявляют, что ценности, якобы, попраны существующей властью: «отсутствие равных возможностей, несправедливое распределение благ и материальных средств, отсутствие бесплатного высшего образования и бесплатной медицины». Среди главных несправедливостей власть обвиняется в: расизме, гомофобии, ксенофобии, унижении меньшинств, религиозной нетерпимости, произволе силовых структур, отсутствии заботы об окружающей среде и прочих грехах.

Либеральная демократическая идеология находит множество сочувствующих в учебных заведениях, где подрастающее поколение легко впитывает радикальные взгляды и жаждет немедленных перемен. Преподаватели и студенты, особенно гуманитарных факультетов, с восторгом изучают теорию марксизма, веря, что провальные поражения социалистов во всем мире сложились вследствие неправильного понимания и применения на практике столь ясных и доступных истин всеобщего равенства при построении социалистического государства. Такие же идеи разделяются средствами массовой информации, шоу-бизнеса, искусства и культуры.

Переход от демократической идеологии к социалистической ясно доказал сенатор Берни Сандерс, добивающийся номинации на пост президента как социалист, но от Демократической партии. Огромное число сторонников, голосовавших за Берни Сандерса в 2016 и 2020 годах, — яркое свидетельство тому, что идеи социализма набирают все больше сторонников в американском обществе. С большой долей вероятности можно предсказать, что это только вопрос времени, когда приверженцы социалистических преобразований общества приведут своих лидеров к управлению страной на смену умеренным демократам.

Лидеры сегодняшней Демократической партии опасаясь, что такой радикальный представитель партии как социалист Берни Сандерс только оттолкнет тех, кто еще не готов жить в социалистическом государстве, решили поддержать Джо Байдена в борьбе за номинацию кандидата на пост президента США. Результаты не смогли не сказаться на последних праймериз Демократической партии. Джо Байден набрал большинство голосов выборщиков и практически стал единоличным кандидатом, готовым поспорить с Дональдом Трампом на президентских выборах 2020 года.

Это было очень неожиданно и неприятно для большинства политиков-демократов, когда в 2016 году номинацию в кандидаты на пост президента США завоевал бизнесмен-миллиардер Дональд Трамп. Никто не принимал его всерьез, поскольку ему противостояла тяжеловес-политик — первая женщина-кандидат на пост президента — Хиллари Клинтон. Бывшая

Гомо Сапиенс 2

Первая Леди при правительстве Билла Клинтона, Государственный Секретарь в правительстве Барака Обамы, сенатор от штата Нью Йорк, кто бы сомневался в ее победе. Но произошло непредвиденное и необъяснимое. Новичок, не имеющий никакого политического опыта, с довольно скандальной репутацией — выиграл выборы.

Трагедию, а именно так воспринимали произошедшее восторженные и экзальтированные сторонники Хиллари Клинтон, было решено исправить любым путем. Все, кому были дороги идеалы демократов, объединились в решительном и едином желании — свергнуть ненавистного новоявленного президента-республиканца Дональда Трампа любыми средствами.

Демократы прекрасно понимали, что неожиданно ворвавшийся в политику чужак представляет самим своим существованием несомненную и близкую угрозу. Богатый бизнесмен, который не зависит от благ, достающихся от занимаемой должности, способен разрушить устоявшийся порядок. Отказ Трампа от приличной годовой зарплаты президента ($400 тысяч) и решение пожертвовать все эти деньги на благотворительность — только усилили мнение лидеров Демократической партии в необходимости бороться с этим человеком, угрожающим основам благополучия Демократов во всех органах власти.

Избранный президент от Республиканской партии Дональд Трамп подвергся нападкам и обвинениям со стороны Демократической партии, получившей большинство мест в Палате представителей Конгресса США. Трамп был обвинен в связях с Кремлем и русскими, которые якобы помогли ему во время выборов 2016 года. В ответ Дональд Трамп пообещал «Drain Swamp», что означало — осушить болото, имея в виду очищение вашингтонской среды от коррупционеров и заговорщиков. Прозвучало также «Deep State» — заговор властных структур. Понятно, что подобные намерения вызвали немедленную реакцию. Палата представителей Конгресса, в котором Демократы имели большинство голосов, создала комиссию Специального Прокурора для расследования обвинений против Президента Дональда Трампа. Бывший директор ФБР Роберт Мюллер возглавил эту комиссию, названную Трампом «Witch Hunt» — охота на ведьм. После двух лет напряженной работы и потраченных 30 миллионов долларов — комиссия не смогла найти никаких доказательств связей Трампа с российским «следом».

Надежды демократов рухнули и негодование требовало мести. Помимо негодования еще и тревожные мысли об избрании Дональда Трампа на второй президентский срок диктовали немедленные действия. Выход был один — отстранить президента от должности (объявить импичмент) под любым предлогом. Если в первом случае Дональд Трамп был обвинен в связях с Кремлем (история, базирующаяся на досье, написанном бывшим офицером британской службы МИ-6 Кристофером Стилл и проплаченное Хиллари Клинтон), которая сама была связана с российскими структурами, достаточно вспомнить «урановую сделку». Всплыла история связи Хиллари Клинтон с Джо Байденом, бывшим вице-президентом Барака Обамы, а ныне одним из кандидатов на пост президента страны от Демократической партии. Генпрокурору страны Уильяму Барру было направлено официальное письмо от одного из республиканских сенаторов США с просьбой расследовать связи с Украиной вышеупомянутых лиц. СМИ обвинили Пола Пелоси младшего, сына Нэнси Пелоси, спикера Палаты представителей Конгресса США и главного противника президента Дональда Трампа, в подозрительных связях на Украине. Сама Нэнси Пелоси засветилась в рекламном ролике компании, которую представлял на Украине ее сын.

Все перипетии этой борьбы в верхних эшелонах власти освещались всеми средствами массовой информации и были более волнующими, нежели любой фильм, любая книга или пьеса. В реальном времени реальные персонажи переживают более чем грандиозные баталии, громя и сокрушая своих врагов. Их искренним горячим речам позавидовал бы сам Цицерон. Верят ли они в то, о чем говорят, это отдельный вопрос. Но гнев или негодование по тому или иному поводу — весьма искренни.

Гомо Сапиенс 2

Реалити-шоу из жизни американской политики, никакой «карточный домик» (популярный сериал) даже не сравнится. Пройдет время, и наши потомки оценят перипетии этой титанической борьбы. Это войдет во все учебники истории. Битва шла за сохранение страны, как она есть на сегодняшний день, или за разрушение самой основы ее построения и попытке изменить историю, не только этой страны, но, вероятно, и всего мира. Все это происходит на наших глазах. Мы с вами статисты этой эпохальной драмы.

Либеральные демократы, выбранные в Конгресс США демократическим путем, являются на данный момент меньшинством в Верхней палате Конгресса, Сенате и большинством в Палате представителей. Они воспринимают членов Республиканской партии как своих врагов и конкурентов. Ими руководит не только неприязнь, но невежество и беспринципность. Сложно поверить, что идеологические разногласия вызывают такую животную ненависть к действующему президенту Дональду Трампу, но клановая лояльность требует раз за разом распятия президента на кресте импичмента.

Как работает Конгресс США, один из трех федеральных законодательных органов государственной власти США. Это двух-палатный парламент.

Сенат США — Верхняя палата Конгресса — состоит из 100 членов. Два сенатора от каждого штата, избираются сроком на шесть лет. Существует определенная система ротации сенаторов, которая происходит одновременно с выборами в Палату представителей. Вице-президент США является председателем Сената. Только Сенат обладает правом выносить окончательное решение в процессе импичмента. Для вынесения осуждающего приговора требуются голоса 2/3 присутствующих сенаторов. В этом созыве большинство в 53 голоса принадлежит Республиканской партии.

Гомо Сапиенс 2

Палата представителей Конгресса США состоит из 435 представителей штатов, пропорционально численности населения в каждом штате. Представители штатов избираются сроком на 2 года и могут переизбираться неограниченное количество раз. Палата представителей принимает федеральные законы, которые обсуждаются затем в Сенате и подписываются президентом страны. Главой Палаты представителей является спикер, выбранный ее членами.

Начало февраля 2020 года ознаменовалось чрезвычайными событиями — скандальными процессами, вызванными политическими разногласиями. Эта необъявленная война безусловно войдет в историю Америки и отзовется во всем мире. Продолжаются слушания по импичменту президента Дональда Трампа. Начался третий этап слушаний. Представители нижней палаты Конгресса настаивали на вызове свидетелей, среди которых числился бывший советник президента Дональда Трампа по национальной безопасности — Джон Болтон, который по мнению менеджеров Палаты представителей может оказаться ключевым свидетелем.

Грандиозная постановка под названием «импичмент президента» (обвинение) в постановке Демократической партии США раскручивалась на мировой сцене Капитолийского холма США, в помещении нижней Палаты Конгресса. Режиссура и постановка: спикер Палаты представителей Нэнси Пелоси с помощниками, председатель судебного комитета Джеральд Надлер, глава комитета Палаты представителей по разведке Адам Шифф. Был ли это акт отчаяния или хитрый расчет на дискредитацию репутации президента Дональда Трампа — гадают многие политики и репортеры. Реальных шансов на устранение президента нет, поскольку в Сенате США большинство принадлежит Республиканской партии, а именно Сенату, согласно Конституции США, дано право последней инстанции в утверждении либо отмены приговора, вынесенного Палатой представителей Конгресса. В этом созыве из 100 мест в Сенате 53 места принадлежат Республиканской партии. Даже Демократам понятно, что при таком раскладе импичмент республиканского президента не пройдет, если, разумеется, его вина не будет полностью доказана. Для утверждения приговора по импичменту, согласно Конституции, требуется не простое большинство, а 67% голосов.

В чем обвиняется Президент Дональд Трамп? Помимо стандартного набора обвинений из Акта первого под названием

«Расследование Мюллера» — в связях с Кремлем (collusion) — неважно, что таковых доказательств установлено не было. Демократы считают, что были. Это Мюллер просто не смог найти, а может и втайне работал на Трампа. Два года работы, 30 миллионов долларов, потраченных впустую. Значит — Мюллер плохо искал. По мнению демократов — доказательства должны быть. После долгих и тайных дебатов демократическое большинство в Палате представителей остановилось на двух главных обвинениях:

1) Злоупотребление властью (quid pro quo — услуга за услугу)

2) Препятствование расследованию Конгресса

Итак, в чем заключалось злоупотребление властью? Таинственный осведомитель (whistleblower) заявил, что Трамп оказывал давление на вновь избранного президента Украины Зеленского, тем самым используя свое положение в своих собственных политических целях. Оно заключалось в том, что президент Трамп требовал расследования коррупционных схем, связанных с сыном бывшего вице-президента Байдена в правительстве Обамы, Хантера Байдена. В обмен обещалась помощь, военная и финансовая.

Доналд Трамп дал указание опубликовать меморандум разговора с Зеленским, в котором подтверждалась просьба Трампа выяснить подробности скандала с Байденами. Демократы утверждали, что все это связанно с тем, что Джо Байден является одним из претендентов на выборах президента в 2020 году.

Гомо Сапиенс 2

Трамп попросил украинские власти провести расследование, связанное с деятельностью на Украине Хантера Байдена. Последний, не имея никакого опыта или знаний в области, связанной с геологоразведкой, газодобычей и продажей природного газа на территории Украины, не владея украинским языком, был принят в весьма коррупционную компанию Бурисма Холдинг — с зарплатой почти миллион долларов в год. В июле 2019 года Конгресс США проголосовал за выделение средств для Украины. Трамп дал указание приостановить военную помощь Украине до разговора с Зеленским. Обвинение членов демократической партии палаты представителей базировалось на этом факте, утверждая, что такая отсрочка была сделана с целью давления на Джо Байдена. Фактически — последний, находясь на посту вице-президента США в правительстве Барака Обамы, потребовал в ультимативном порядке отстранить от работы в Украине генпрокурора Шохина, начавшего расследование деятельности компании Бурисма. Джо Байден пригрозил заморозить 1,5 миллиарда помощи Украине, если в течение 6 часов генпрокурор Шохин не будет уволен. Видеопленка с угрозами Джо Байдена не раз показывалась по телевидению. Рудольф Джулиани, личный адвокат Дональда Трампа, бывший прокурор и мэр города Нью Йорка, заявил, что у него есть прямые свидетели и доказательства сотрудничества демократов с представителями Украины с целью недопущения избрания Дональда Трампа на должность Президента США в 2016 году. «Есть прямые доказательства, доказывающие участие семьи Байденов во взяточничестве, отмывании денег, вымогательстве и других возможных преступлениях».

На состоявшемся голосовании в Палате представителей Конгресса по импичменту президента голоса разделились по партийной принадлежности. За импичмент — 230 голосов, против — 197 голосов, воздержался — 1. Спикер Палаты представителей Нэнси Пелоси решила задержать передачу дела об импичменте в Сенат, пытаясь повлиять на решение, и требовала объяснить «что из себя будет представлять процесс».

Гомо Сапиенс 2

Дональд Трамп объявил о четверых свидетелях, которых он требует допросить в Сенате в процессе разбирательства дела об импичменте: бывшего вице-президента Джо Байдена, его сына Хантера Байдена, осведомителя (whistleblower) и Адама Шиффа.

Документы с резолюцией об импичменте после всех проволочек были переданы в Сенат 15 января 2020 года. Нижняя палата Конгресса назначила семерых представителей, названных «менеджерами», для передачи материалов Сенату по обвинению президента Дональда Трампа. Таким образом менеджеры представляли сторону обвинения, сенаторы являлись присяжными, и в качестве судьи к присяге приведен глава Верховного суда США Джон Робертс, который должен председательствовать на данных слушаниях. Также были приведены к присяге все участники процесса. Дональда Трампа защищала представительная команда юристов: Роберт Рей и Кеннет Старр — бывшие спецпрокуроры по делу об импичменте президента Билла Клинтона, бывший профессор конституционного права Гарвардского университета Алан Дершовиц, демократ, выступавший в защиту президента Билла Клинтона во время процесса импичмента последнего, а также два бывших федеральных прокурора Пэм Бонди и Джейн Раскин.

Это был третий случай рассмотрения дела об импичменте президента в истории США. Первым был 17-й президент США Эндрю Джексон в 1868 году. Был оправдан. Ричард Никсон, 37-й президент США, подал в отставку в 1974, чтобы избежать процедуры импичмента. Затем — 42-й президент США Билл Клинтон подвергся процедуре импичмента в 1998 году. Первые два дела об импичменте закончились оправданием обвиняемых. Билл Клинтон был лишен права заниматься юридической практикой за ложь под присягой, но остался в должности президента.

Митч Макконелл, лидер республиканского большинства в Сенате, предложил принять резолюцию о проведении процесса в ускоренном режиме, аналогично тому, как проводились слушания по импичменту президента Билла Клинтона. Первый день заседания продолжался 15 часов. Голоса по утверждению резолюции разделились по партийному признаку (53-47) и были утверждены республиканским большинством.

Последующие 3 дня менеджеры Палаты представителей зачитывали обвинения президенту Трампу. С 25 января по 28 января выступала защита президента. Особое возмущение стороны обвинения вызвало выступление профессора Алана Дершовица. Суть этого авторитетного эксперта по конституционному праву сводилась к тому, что обвинение о злоупотреблении властью (quid pro quo — услуга за услугу) незаконно, поскольку президент не только имел право употребить подобный подход, но был обязан по конституции сделать все от него зависевшее для расследования преступления, связанного с коррупцией представителей США. Юристы президента Дональда Трампа отвергли все обвинения представителей Палаты представителей, называя это «опасным нападением на право американцев свободно выбирать своего президента», а также «наглой и противоправной попыткой отменить результаты выборов 2016 года и вмешаться в выборы 2020 года».

Сенаторы проголосовали по поводу требования стороны обвинения о вызове дополнительных свидетелей. Большинством голосов это требование представителей демократов было отклонено. Противники затягивания довольно бессмысленных слушаний, которые могут продлиться длительное время, мотивировали свою позицию тем, что менеджеры Палаты представителей в своих выступлениях уже приводили показания 19 свидетелей. Сенат поставил на голосование вопрос о дополнительных свидетелях и простое большинство высказалось против такой необходимости. Демократы были в ярости. Они настраивались на длительную борьбу, новые дебаты, новые свидетельства, документы и дополнительные слушания. Все эти усилия сводились к тому, чтобы понизить рейтинги Дональда Трампа, обвиняя последнего во всех смертных грехах. Длительная процедура импичмента, по мнению демократов, могла понизить шансы президента на переизбрание на второй срок.

Гомо Сапиенс 2

Дональд Трамп и его сторонники намерены закончить процесс импичмента в кратчайшие сроки, желательно до 4 февраля, когда Дональд Трамп должен выступать перед обеими палатами Конгресса с ежегодным посланием «О положении в стране».

2 февраля 2020 года состоялся главный матч сезона по американскому футболу. Это самое дорогое спортивное шоу планеты, традиционное в США, едва не затмило политическую жизнь страны. Средняя цена билета на этот поединок НФЛ доходила до $6390. В шоу выступали такие звезды как Дженнифер Лопес и Шакира. Впервые чемпионом НФЛ стала команда «Канзас-Сити Чифс». Этот финальный матч, Супер Боул, на время отодвинул на задний план баталии по поводу импичмента президента.

В Сенате США в понедельник 3 февраля состоялось итоговое заседание по делу об импичменте президента Дональда Трампа. Итоговое голосование должно было состояться 5 февраля.

5 февраля 2020 года Сенат (верхняя палата Конгресса США) вынесла оправдательный приговор по обеим статьям обвинений в деле об импичменте. Голоса разделились по партийной принадлежности. Один из членов республиканской партии, Митт Ромни, голосовал вместе с демократами за обвинение президента Трампа. Голоса разделились следующим образом: 52-48. Для обвинения президента, согласно Конституции страны, необходимо собрать не менее 67% голосов.

По итогам голосования президент Дональд Трамп был признан оправданным (acquitted) по обеим статьям импичмента.

В штате Айова 03.02.2020 прошли традиционные первые так называемые кокусы (собрания избирателей) для выдвижения кандидата на пост президента страны. Борьбу за номинацию в Демократической партии вели семь претендентов. Фаворитами в этой гонке считались два сенатора: Берни Сандерс и Элизабет Уоррен. Вплотную к фаворитам приближался бывший вице-президент в правительстве Барака Обамы, Джо Байден.

Гомо Сапиенс 2

Сложившаяся традиция первичных кокусов в Айове дала старт событиям политического календаря, борьбы за кресло президента страны. Сложившаяся статистика говорит о том, что победитель кокусов в Айове имеет больше шансов быть номинированным претендентом от Демократической партии. Айова насчитывает менее одного процента населения страны. Официально кандидатов выдвигают во время партийных праймериз.

Итоги прошедших кокусов Демократической партии не были обнародованы. Пресс-служба демократов объяснила это целым рядом технических проблем. Эта беспрецедентная задержка породила множество слухов. Демократическая партия подверглась критике со всех сторон. Руководители партии явно опасались победы Берни Сандерса, поскольку последний выстраивал свою карьеру будучи много лет независимым кандидатом, не скрывая своей приверженности к идеям социализма. Это могло стать настоящим поражением Демократической партии.

Дональд Трамп написал в «Твиттере»: «демократические кокусы стали настоящей катастрофой, ничего не работает — так же, как и когда они управляли страной».

На кокусах Республиканской партии в штате Айова однозначно победил президент Дональд Трамп.

Результаты кокусов демократов в штате Айова появились на третий день после окончания подсчетов в штаб-квартире Демократической партии. Окончательные цифры оказались настолько неожиданными, что председатель ДНС потребовал провести пересчет голосов. Пит Буттиджич оказался победителем с 25% голосов. Следующим за ним следовал Берни Сандерс с 24% голосов. Бывший вице-президент Джо Байден откатился на четвертое место с 15.8% голосов.

Следующие праймериз состоялись в штате Нью-Гемпшир. Великолепная семерка Демократической партии готовилась к решительному поединку:

Пит Буттиджич — 38 лет, экс-мэр небольшого городка Саут-

Бенд в штате Индиана, ветеран Афганистана, открытый гей, симпатичный парень, полиглот и надежда Демократической партии. Мэр Пит, как он себя называет, проживает в своем небольшом городке с супругом Частином Глезманом и двумя собаками. Однополый брак был заключен в соборе святого Иоанна в Саут-Бенде.

Берни Сандерс — сенатор от штата Вермонт, родился 08.09.1941 г. Исповедует иудаизм. Сторонник социалистических преобразований в стране. Баллотировался на должность президента США в 1976 году и даже опережал Хиллари Клинтон, но должен был уступить под давлением ДНС. Гонку, неожиданно для всех, выиграл Дональд Трамп.

Джо Байден — бывший вице-президент в правительстве Барака Обамы. Родился 20.11.1942 г. Джо Байден является надеждой Демократической партии на выборах 2020 г., но на кокусах в штате Айова показал очень низкие результаты. В 2008 году он пытался баллотироваться на пост президента от Демократической партии, но вскоре снял свою кандидатуру.

11.02.2020 состоялись первичные выборы, праймериз Демократической партии в штате Нью Гемпшир. Победил Берни Сандерс с 26% голосов. За ним, достаточно близко, с 24%, Пит Буттиджич. Джо Байден свалился далеко назад — с 9% голосов избирателей.

Дональд Трамп с 97% голосов одержал ожидаемую победу на праймериз Республиканской партии в штате Нью Гемпшир. Партия полностью поддержала действующего президента.

Гонка за номинацию на выдвижение кандидатов обеих партий в борьбе за пост президента США продолжается. Следующий этап, в штате Невада, состоится через месяц.

В борьбу за номинацию на президентское кресло в 2020 году вступил еще один кандидат от Демократической партии — Майк Блумберг. Миллиардер, по версии Форбс занимает восьмое место в списке самых богатых людей планеты — с капиталом почти 64 миллиарда долларов. Бывший мэр Нью Йорка, родился в феврале 1942 года. Майк Блумберг ранее был членом Демократической партии, а затем перешел в Республиканскую партию. Основатель компании по анализу и информации о состоянии финансовых рынков. Использование цифровых технологий в средствах массовой информации помогло ему освоить новую нишу — торговлю акциями онлайн. Основал компанию Блумберг ЛП, компьютерную сеть финансовых новостей.

На выборах мэра Нью Йорка Майк Блумберг баллотировался от Республиканской партии. На пост мэра Нью Йорка переизбирался трижды.

Дебаты претендентов от Демократической партии на пост президента США в 2020 году возобновились в штате Невада 19.02.2020 г. От 20 претендентов, принимавших участие в гонке, осталось всего пять, к которым присоединился с подачи DNC (Демократический Национальный Комитет) еще один кандидат от Демократической партии — Майк Блумберг, которого допустили к участию в гонке, вопреки полному несоответствию требованиям сложившихся правил. Не принимавший до этого участия в дебатах новый соперник в гонке вызвал всеобщее явное недовольство среди претендентов на номинацию кандидатов в президенты страны от Демократической партии. Шквал критики обрушился на нового претендента. Ему припомнили все «грехи». Неудачные высказывания в прессе, обвинения в высокомерии, сексизме и расизме. Несмотря на потраченные собственные миллионы долларов (более 400 млн) Майк Блумберг потерпел явное поражение. Берни Сандерс обвинил миллиардера в «попытке подкупа избирателей».

Предварительные выборы претендента на пост президента страны от Демократической партии в штате Невада состоялись 22.02.2020 г. Здесь произошло явное поражение Майка Блумберга. Провал, но еще не конец. Он может продолжать борьбу за номинацию (тем более за собственные средства) до вторника 03.03.2020 г. Этот день называют Супер-Вторником, когда во многих штатах проходят праймериз и номинации кандидатов от основных партий в борьбе за кресло президента страны на последующие 4 года. Судя по прошедшим дебатам — вероятность его победы в гонке кандидатов от Демократической партии более чем ничтожна. Майк Блумберг оказался абсолютно не готов к борьбе и должен принять решение, что делать дальше. Самое простое решение — сойти с гонки сейчас и доживать свой век (сейчас ему 77 лет), тратя по миллиарду долларов, а лучше по два-три, в год. Можно, разумеется, еще раз поменять партию, но республиканцы, по всей вероятности, уже сделали свои ставки на Дональда Трампа и вряд ли захотят испытывать судьбу.

Можно баллотироваться как нейтральный кандидат, благо он уже был им однажды. Деньги есть, и он уже высказывался, что готов потратить их все на борьбу с Дональдом Трампом. В случае поражения можно вернуться к первому варианту.

Но что лежит в основании такой ненависти к Трампу? Они оба миллиардеры из Нью Йорка. Были достаточно дружны и встречались на различных светских мероприятиях. Они обменивались публично дружескими и уважительными комплиментами.

Один из общих знакомых миллиардеров высказал свое мнение о причинах возникшей неприязни: «слишком большое количество денег и слишком большое эго с обеих сторон, каждый думает, что он умнее другого и каждый уверен, что он сделал бы лучше и больше на месте другого».

Блумберг решил победить Трампа, влив огромное количество денег в рекламу за свое выдвижение. Он выстроил свой слоган: «Дональд Трамп пытается разделить страну на части, и если вы хотите будущего для страны, мы должны удержать ее вместе».

Борьба за президентское кресло переросла в настоящую вражду и взаимные обвинения посыпались на потеху зрителей, охочих до всяких скандальных сенсаций. Майк Бломберг назвал Трампа «кон ман», что означает «мошенник», намекая на манипуляции Трампа с банкротствами. Последний не остался в долгу и, по уже сложившейся традиции, дал противнику уничижительную кличку «Маленький Майк». Блумберг действительно небольшого роста и Трамп изображал его во время выступлений, прячась за трибуной, что неизменно вызывало смех у аудитории. Надо сказать, что клички, данные Трампом своим оппонентам, быстро к ним прилипали, и даже пресса пользовалась этими, достаточно обидными, кличками:

Берни Сандерс — «Сумасшедший Берни»,

Джо Байден — «Спящий Джо»,

Элизабет Уоррен — «Покахонтас» (утверждала, что в ней течет кровь американских индейцев),

Адам Шифф — «Шея-Карандаш».

За каждой кличкой стояли характерные особенности персонажа, особые черты внешности или поведения. Эти незатейливые клички нравились простому народу, который сразу распознавал о ком идет речь.

Демократы осознают, что у них нет яркого и достойного кандидата на пост президента страны, способного победить республиканца Дональда Трампа. Фаворит гонки Берни Сандерс, радикально левый, по сути — социалист, не скрывающий своих радикальных убеждений, способен отпугнуть тех, кто еще колеблется — за кого отдать свой голос. Номинация кандидатов на пост президента страны от Демократической партии сводится к следующему выбору: первый социалист — Берни Сандерс, первая женщина на посту президента — Элизабет Уоррен, первый открытый гомосексуалист — Пит Буттиджич, скомпрометированный бывший вице-президент — Джо Байден или бывший мэр Нью Йорка, миллиардер, исповедующий иудаизм, Майк Блумберг. Шансов у всех них практически нет.

Супер-вторник 03.03.2020 на праймериз Демократической партии неожиданно для всех вывел вперед Джо Байдена. Его еще опережал социалист Берни Сандерс, но его высказывания в поддержку режима Фиделя Кастро явно оттолкнули от него еще колеблющуюся часть избирателей. Претенденты на номинацию на кандидата на должность президента США от Демократической партии один за другим выходили из гонки, отдавая свои голоса новому лидеру — Джо Байдену.

Такой поворот событий явно устраивал руководителей Демократической партии, которые побаивались неуправляемого радикального социалиста Берни Сандерса и не верили в его возможность победить в ноябре на выборах президента страны такого соперника как Дональд Трамп.

Через неделю состоялся еще один этап гонки за номинацию кандидата от Демократической партии, в которой победителем вышел снова Джо Байден. Хотя Берни Сандерс еще выступал с призывами поддержать его кандидатуру в нескольких оставшихся штатах, но шансов у него практически не осталось.

Чем меньше остается времени до выборов президента страны 2020 г., тем больше будет усиливаться накал борьбы. Очень многое поставлено на карту. Борьба идет за кресло президента США на последующие четыре года. На самом деле — все гораздо шире. Демократическая партия сделала ставку «на банк». Проигрыш может означать несбывшуюся надежду на благополучное и счастливое существование во множестве ветвей власти, что подразумевает и успешную жизнь подрастающего поколения детей и внуков, надежду на то, что они придут на смену родителям . Демократическая партия может потерять большинство в Палате представителей, а это уже полное поражение. Торжествующий непримиримый враг Дональд Трамп за последующие четыре года проведет столько изменений, что возможно потребуется поколение, а то и два, чтобы вернуть все, с таким трудом завоеванное за время правления Клинтонов и Обамы. Единственный выход — сделать так, чтоб отстранить действующего президента от власти. Пока есть легальный действенный инструмент — большинство в палате представителей — демократам необходимо найти компрометирующий материал и снова объявить президенту импичмент.

У Республиканской партии есть яркий харизматичный лидер, умеющий бороться и побеждать. Основная задача — изменить расклад сил на промежуточных выборах и привести в

Конгресс как можно больше своих сторонников. Эта задача непростая, но Дональд Трамп уверен в своих силах. Его яркие выступления во время кокусов и зримые достижения в экономике, внутренней и внешней политике явно склоняют чашу весов в пользу действующего президента. Если не произойдет чего-то, что может помешать его переизбранию, Дональд Трамп останется на второй срок президентом США.

Три года президентства Дональда Трампа резко усилили противостояние двух основных политических партий. Демократы, получив большинство мест в Палате представителей, постоянно организовывали настоящую охоту по дискредитации президента-республиканца. Здесь было расследование Специальным прокурором, которым оказался бывший директор ФБР Роберт Мюллер. Когда эта карта оказалась битой, демократы нашли новое обвинение, якобы связанное с давлением на президента Украины Зеленского с целью опорочить демократического кандидата на пост президента в выборах 2020 года, Джо Байдена. Палата представителей, имеющая на тот момент большинство голосов, проголосовала за импичмент президента Дональда Трампа. Сенат полностью отверг все обвинения и проголосовал против импичмента.

По традиции — президент Дональд Трамп выступил с ежегодным посланием к нации «О положении в стране» перед полным составом Конгресса (Сенат и Палата представителей). Председательствовали вице-президент Майк Пенс и спикер Палаты Нэнси Пелоси.

Момент был более чем торжественный. В зал заседаний Палаты представителей входили сенаторы, встреченные овациями однопартийцев и демонстративным неприятием демократов. Часть демократов отсутствовала, выражая таким образом протест против выступления Дональда Трампа. Женская часть демократов соблюдала договорный дресс-код в знак солидарности в борьбе за права женщин, демонстрируя белые костюмы или платья.

Гомо Сапиенс 2

Президент прошел к микрофону и, прежде чем произнести речь, по традиции, вручил копии своей речи председательствующим, вице-президенту Майку Пенсу и спикеру Палаты Нэнси Пелоси. Последняя протянула ему руку для пожатия, но Дональд Трамп сделал вид, что не заметил этого и повернулся к микрофону. Момент был более чем конфузным и явно имел последствия. Нэнси Пелоси была заметно оскорблена — и как спикер Палаты, и как женщина. Но и Дональд Трамп не мог простить незаслуженную травлю и попытку импичмента, подготовленную и проталкиваемую именно спикером Палаты Нэнси Пелоси.

Речь президента Дональда как всегда была яркой и впечатляющей. Достижения администрации Белого Дома были весьма показательными. Экономика страны на подъеме, безработица заметно уменьшается для всех слоев населения. Еще более впечатляли успехи во внешней политике. Создано 7 миллионов рабочих мест. Перестроена армия. Данные обещания выполнены. Рынок ценных бумаг в США поднялся на 70%, добавив более 12 триллионов долларов. Америка стала энергонезависимой державой.

Блестящая и впечатляющая речь президента прерывалась многочисленными аплодисментами. Демократическая половина Конгресса реагировала на речь Дональда Трампа демонстративным отсутствием какой-либо реакции. Республиканцы встречали особенно яркие моменты речи президента бурными овациями.

В конце этого совместного слушания обеих палат Конгресса речи президента «О положении в стране» большая часть присутствующих аплодировала стоя. Спикер палаты Нэнси Пелоси поднялась и демонстративно порвала страницы копии речи президента, бросив обрывки на стол. Весь ее вид высказывал полное пренебрежение и даже отвращение. Этот демарш естественно был замечен всеми средствами массовой информации, и на следующий день практически все издания обнародовали этот факт с различными комментариями. «Нэнси-Риппер» — это сомнительное, имеющее неприятный оттенок прозвище, вероятно, надолго прилипнет к неудачливому политику, которая проиграла своему противнику и как-то мелковато отомстила, демонстративно порвав копию речи президента на виду не только всей страны, но и всего мира.

События, происходящие в США последние 50 лет, должны заставить любого здравомыслящего человека задуматься о будущем этой страны и своих потомках, которым придется жить в этой стране. Политическая структура власти, установленная еще отцами-основателями в 1776 году, еще не подвергалась таким потрясениям и противостояниям ветвей власти. Система сдержек и противовесов, действующая почти 250 лет, принесла процветание и благополучие стране, сделав страну самой могущественной и богатой на планете.

История оставила нам печальный след о множестве государств и империй, казавшихся несокрушимыми и вечными, но всех их ждала судьба быть разрушенными и забытыми в веках. Даже великая Римская империя, просуществовавшая более тысячи лет, в конце концов рухнула. Восточная империя (Византия) прекратила свое существование после захвата Константинополя турками 28.05.1453 г. Западная Римская империя рухнула от вторжения варварских племен и последний император Ромул Август отрекся от престола в 476 году. Но реальная причина падения Западной Римской империи заключалась в том, что страна была изнутри разрушена ассимиляцией варварских племен и последним предоставлялось римское гражданство, происходила ассимиляция варварских племен, которые не обладали культурой и идеологией римских сограждан. Разница в экономической, политической, религиозной и культурной жизни порождала кризис. Низкая рождаемость среди традиционных римских граждан и наоборот высокая рождаемость у вновь прибывших только усиливала этот кризис. Коррупция во властных структурах вызывала возмущение и способствовала появлению лидеров, призывающих к восстанию и разрушению. Нравственное разложение подтолкнуло расцвет пороков и разврата.

Отцы-основатели конституции страны потратили немало времени в спорах, пытаясь создать долговечную систему сдержек и противовесов, которые не позволят стране свернуть с демократической формы правления и оставаться независимым государством. Они создали новые принципы политической системы, которая призвана не позволить сосредоточить какой-то одной партии все рычаги управления страной.

Три ветви государственной власти:

1) Конгресс

2) Президент

3) Верховный суд

Эти ветви власти: законодательная, исполнительная и судебная взаимодействуют, контролируя и уравновешивая властные полномочия, гарантируют демократическую правовую базу государства.

Закрепленное в конституции США подобное разделение властей должно предотвратить усиление одной из ветвей власти, обеспечивая стабильность государства.

Конгресс США контролируют две политические партии. Республиканская — сторонники консервативной идеологии и свободного предпринимательства. Демократическая — выступает за либеральные ценности и расширение влияния власти на регулирование экономики.

Партии выдвигают будущих кандидатов в президенты на предварительных выборах (праймериз). Обе партии существуют за счет финансовой поддержки своих сторонников: как частных бизнесов, так и индивидуальных благотворителей.

Кандидаты в президенты страны проходят процедуру дебатов, после которых происходят всеобщие выборы по стране. Получивший большинство голосов выборщиков от каждого штата становится президентом на ближайшие четыре года.

В истории страны уже были случаи когда президентство и Конгресс контролировала одна партия. Такое может случиться вновь во время президентства Дональда Трампа. Последний может достаточно легко проводить свою политику, добиваясь в обоих палатах Конгресса одобрения. Подобная ситуация означает катастрофу для Демократической партии, и она пойдет на все, чтоб этого не случилось. Дональд Трамп — это та фигура, которая должна быть устранена любым путем. Пока в Палате представителей большинство принадлежит демократам, атаки на него будут продолжаться. Демократическая партия и средства массовой информации ищут малейшую зацепку, чтоб обвинить действующего президента во всяческих грехах. Снова вытащена на свет уже однажды битая карта — вмешательство России в американские выборы. Демократические кандидаты ведут борьбу за номинацию на пост президента страны. На каком-то этапе вперед с большим отрывом вырвался радикальный социалист Берни Сандерс. Лидеры Демократической партии в принципе были не против, но справедливо опасались столь радикальных высказываний, которые могли оттолкнуть избирателей. Базовый электорат Демократической партии представляет малоимущий слой населения, которому близки и понятны лозунги демократов. Все беды от богатых. Они забирают себе все богатства и отбирают у малоимущих справедливую долю в заработанных прибылях. Такое несправедливое распределение ценностей среди населения можно изменить, избрав демократических кандидатов. Всеобщая бесплатная медицина, бесплатное высшее образование, бесплатные детские сады, гарантированная стабильная высокая заработная плата. Для этого необходимо резко увеличить налоги на богатых.

Демократическая партия заметно полевела, все больше напоминая программы лидеров социалистического лагеря. Берни Сандерс, был ведущим кандидатом демократов на пост президента страны, позиционируя себя социалистом, ставил в пример такие одиозные фигуры как руководитель Коммунистической партии Кубы Фидель Кастро и Председатель Китайской Народной Республики Си Цзиньпин.

Такие радикальные высказывания, по всей вероятности,

могли оттолкнуть или испугать избирателей, сторонников Демократической партии. Соперничество на номинацию кандидата на должность президента страны свелось к противостоянию оставшихся в гонке двух кандидатов: Берни Сандерса и Джо Байдена. Последний безнадежно проигрывал в гонке, но супервторник, абсолютно непредсказуемо, реанимировал угасающую кампанию и Джо Байден вышел на первое место.

Борьба между двумя претендентами за номинацию от Демократической партии вступила в решающую фазу. Ярый социалист Берни Сандерс своей революционной программой, обещающей все бесплатно и для всех, создал движение, которое с восторгом поддерживает радикальная часть молодежи, различные меньшинства, люди верующие в марксистскую теорию переустройства общества.

Сегодня трудно себе представить, что страна свободного мира, где права и свободы населяющих ее людей являются главенствующим залогом процветания и благополучия, США, погрузится в хаос и саморазрушение, которое неизбежно при любой революции. Неужели человечество ничему не научилось, пройдя через кровавую Французскую Революцию, разрушение Российской Империи и жуткую мясорубку ГУЛАГа. Уничтожение жемчужины Карибского бассейна, Кубы, Вьетнама, разрушение богатейшей страны Латинской Америки, Венесуэлы? Всюду, где появлялись беспринципные и безответственные люди, призывающие к бурям и революциям во имя светлого будущего, — вместо этого пожинали смерть и разрушение.

Америка всегда была страной предпринимателей. Людей, чья частная инициатива создавала богатства этой страны. Европейские переселенцы стремились в Новый Свет в поисках свобод. Религиозных, предпринимательских, экономических выгод и возможностей. Первые колонисты строили свою жизнь в суровых условиях борьбы за выживание. Борьба с коренным населением, с королевскими войсками, болезнями. Отсутствие какой-либо цивилизации и помощи государственных институтов сделали эту новую нацию сильной, стойкой и независимой.

Гомо Сапиенс 2

Свобода предпринимательства и частная инициатива сделала эту страну успешной и богатой. За исторически небольшой срок США стала самой богатой и процветающей страной мира.

Экономическое процветание, политические и религиозные свободы, открытые возможности для предпринимательства привлекали в эту страну тех, кто не боялся трудностей и надеялся на себя, свое умение и желание попробовать свои силы в борьбе за лучшую жизнь. В XIX и XX веках большие пароходы везли новых переселенцев, надеющихся найти здесь свое место в жизни. Бурно развивающаяся экономика требовала рабочих рук на заводах, фабриках, плантациях, строительстве, специалистов во всех областях и, естественно, в сфере обслуживания.

Появился огромный слой населения, который зависел от предпринимателей, и государство озаботилось мерами социального характера для улучшения условий труда и социальной защищенности тех, кто работал за заработную плату. Экономический бум и процветание требовало все больше рабочих рук. Администрация поощряла иммиграцию. Вновь прибывшие через несколько лет проходили процедуру натурализации и становились гражданами страны. Через огромную практически открытую южную границу достаточно свободно проникали нелегальные иммигранты, оседавшие во всех концах страны. Целые районы больших городов были заселены выходцами из латиноамериканских стран. Не имея необходимых документов они соглашались на любую работу и, естественно, за меньшую зарплату. Многодетные семьи отправляли детей в школы и пользовались медицинскими услугами, не имея медицинской страховки. Закон не позволял отказывать в лечении людям, обращающимся в медицинские учреждения. Компактные проживания в таких районах увеличивало число бедных. Насилия, грабежи, наркотики, разборки между бандами за сферы влияния превращали подобные районы в весьма опасные для проживания места.

Помимо многочисленных нелегальных иммигрантов различные меньшинства (существенная часть афроамериканцев, выходцы из азиатских и латиноамериканских стран, различные группы прибывших со множества стран мира), не вписавшиеся в экономическую структуру страны, представляют пласт населения, зависимый от помощи государства. Для них строились целые районы социального жилья, где криминальные сообщества легко подсаживали людей на наркотики, алкоголизм и участие в криминальных бизнесах. Многочисленные программы помощи неимущим (велфер) только увеличивали зависимость получателей, лишая последних желания бороться за свое место в обществе. Для демократической партии это был идеальный электорат, который легко поддавался на обещания немедленного перераспределения доходов и увеличение налогов на богатых. Подобные обещания вызывали естественный энтузиазм, подогретый разъяснениями о несправедливости капиталистической системы. Эта постоянно увеличивающаяся масса неустроенных и недовольных становилась реальной угрозой для сложившихся форм взаимоотношений работодателей и работников. К 2020 году подобная неустойчивая ситуация в обществе и социалистические лозунги, выдвинутые лидерами Демократической партии, подталкивали страну к революционным преобразованиям.

Открытая южная граница страны практически стала лазейкой, которой не пользовался только ленивый. Контрабанда наркотиков, людей, животных, оружия, различных товаров приносила миллиардные доходы предприимчивым криминальным структурам. Многие миллионы нелегальных иммигрантов, занятых в экономике страны, отправляли в свои страны десятки миллионов долларов полученных в теневой экономике США. Дональд Трамп в своей предвыборной программе обещал построить вдоль всей южной границей страны стену протяженностью 3100 км. Палата представителей Конгресса США, в которой большинство представляют Демократы, отказывалась выделять финансирование для этого строительства. Демократическая партия выступала за открытые границы и признание права нелегальных иммигрантов на голосование.

Гомо Сапиенс 2

Но неожиданно для всего населения планеты случилось нечто, что спутало все карты политикам, затронув все сферы жизнедеятельности практически всех людей, живущих на этой земле.

Политическая борьба уступила место наступившей грозной опасности, способной навсегда изменить представления о необходимости более разумного устройства нашего мира. Возможно, человечество вновь должно пройти через бутылочное горло выживаемости в чрезвычайных обстоятельствах катастрофы, которая потрясла весь мир.

Новый неизвестный ранее вирус, начавший свое стремительное распространение из Китая и захвативший практически все страны мира, придал бодрости Демократам в Конгрессе. Они увидели возможность отвоевать утерянные позиции в доверии избирателей. Дональд Трамп запросил Конгресс утвердить законопроект о выделении средств на борьбу с вирусом, $2,5 миллиарда, опасаясь запрашивать больше в связи с противостоянием большинства демократов в Палате представителей во главе со спикером Нэнси Пелоси. Лидер демократического меньшинства в Сенате, Чак Шумер, язвительно критикуя президента, предложил выделить $9 миллиардов. В результате — Палата представителей утвердила законопроект о выделении $8,3 миллиарда. После одобрения Сенатом закон поступит на подпись президенту США Дональду Трампу.

Последний, узнав о столь значительном увеличении средств на борьбу с обрушившейся на весь мир угрозой, заявил на брифинге журналистов, аккредитованных в Белом Доме: «Разумеется, мы возьмем эти деньги».

Настоящую цену, которую мир должен заплатить за борьбу с этим, доселе неизвестным, вирусом никто еще даже не знал.

Гомо Сапиенс 2

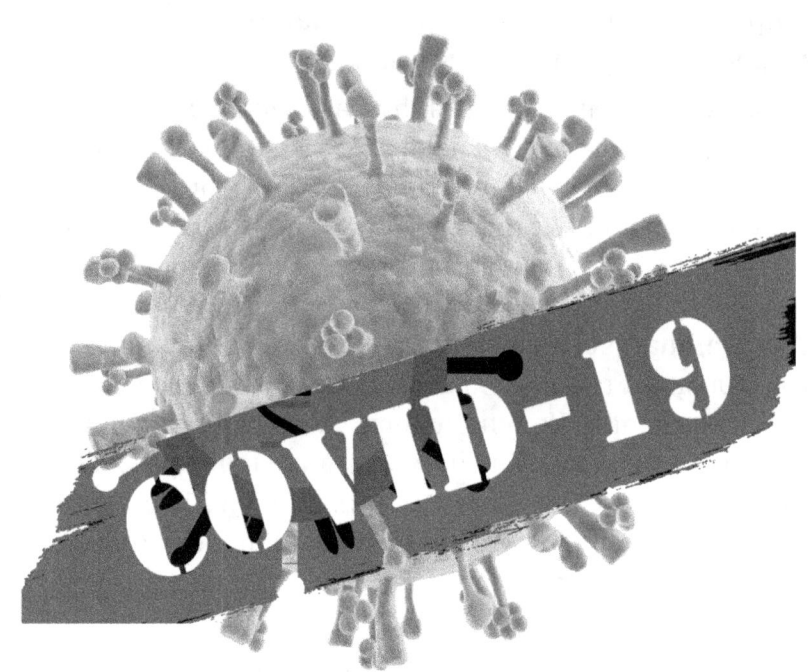

Гомо Сапиенс 2

Коронавирус

«Что было, то и будет, и что делалось, то и будет делаться, И нет ничего нового под солнцем.

Бывает нечто, о чем скажут: «смотри, это новое». Но уже было оно в веках, бывших прежде до нас».

Нет памяти о прежнем, да и о том, что будет,

Не останется в памяти у тех, которые будут позже».

Экклезиаст

Перевод с иврита книги «Кохелет» входит в Ветхий Завет, Изложенные притчи приписываются царю Иудеи Соломону.

Пока все средства массовых информаций обсуждали перипетии происходящих баталий кандидатов — в стране и мире появился грозный призрак эпидемии, носящий название «коронавирус».

11 марта 2020 года начался новый отсчет хрупкого и несовершенного устройства нашего мира.

Всемирная организация здравоохранения (ВОЗ) назвало новое опасное заболевание: «коронавирус». Что это такое, и откуда он взялся на нашу голову? Во-первых, это опасное острое вирусное заболевание. Существуют много разновидностей коронавирусов, вызывающих заболевания при попадании в организм человека. Распространителем сегодняшней пандемии является любой зараженный человек. Носителями вируса являются представили дикой природы: такие как обезьяны, птицы, змеи, грызуны и прочие. Предполагается, что носителем вируса COVID-19 стали летучие мыши или панголины. Вероятно, что существовал посредник, например, змея, питавшаяся летучими мышами. Поскольку мы знаем, что вирус пришел из Китая, из провинции Ухань, где весьма популярны рынки, продающие диких животных. В Китае распространены стойкие убеждения о том, что полезно для лечения различных заболеваний и для хорошего здоровья употреблять в пищу различные виды животных и растений. Гигантские змеи, грызуны, определенные виды жуков и насекомых являются не только кулинарными изысками, но и способами врачевания согласно веками устоявшейся веры в исцеление и оздоровление при употреблении в пищу подобных обитателей дикой природы. Лечение питанием — древний способ исцеления от различных заболеваний. В связи с эпидемией коронавируса в Китае с января месяца 2020 года временно приостановлена торговля мясом диких животных. Затем китайские власти ввели полный постоянный запрет на незаконную продажу мяса диких животных с целью искоренения вредной привычки употребления в пищу подобного мяса диких животных. Возможно, легальная торговля мясом диких животных, приносящая многомиллионные доходы, уйдет в подполье, но явно не исчезнет — пока есть потребитель, готовый платить больше.

Вирус нашел своего носителя.

Счет зараженных коронавирусом перевалил за пять миллионов человек. Умерших считают десятками тысяч. Это чрезвычайно агрессивный вид вируса, неизвестный до настоящего момента, против которого пока нет лекарств и вакцины.

Раздаются многочисленные голоса, требующие наказать непосредственных виновников, поставивших мир перед финансовой катастрофой. Многочисленные человеческие потери, падение экономик практически во всех странах мира, потери финансовые, психологические потрясения, страхи за близких, неясные перспективы выживания в неизвестном будущем, все это делает окружающий мир ненадежным и опасным для создания семьи или просто выживания.

Гомо Сапиенс 2

Однозначным виновником всего произошедшего называют Китай. Вернее — его Коммунистическое Правительство, скрывшее от мира правду о начавшейся там вирусной эпидемии. В декабре 2019 года в Китае было уже известно, что вирус передается от человека к человеку. В 2020 году Китайский Новый Год начинался 25 января. Выходные в стране — с 24 по 30 января. В этот праздник принято собираться всей семьей. Люди путешествуют по всей стране и выезжают за рубеж. Безусловно это способствовало распространению коронавируса по миру.

Правительство Китая заблокировало усилия врачей города Ухань распространить информацию об опасности заражения новым вирусом. Сокрытие информации привело к тому, что из двенадцатимиллионного города пять миллионов человек покинули Ухань, и вместе с ними стал распространяться вирус. Официальный Пекин ввел карантин на большей части страны. ВОЗ попросту не поставил мир в известность о происходящих в Китае событиях.

Миру известны масштабные эпидемии пришедшие с Востока. Возникшая в Китае в 1957 году эпидемия гриппа, названного азиатским, унесла жизни почти 4 миллионов человек.

В 1968 году тот же азиатский грипп мутировал под названием «гонконгский грипп» и распространился по миру. Эпидемия унесла миллионы жизней. Особенно пожилых людей и людей с ослабленным иммунитетом.

В мае 2003 года появилась угроза эпидемии под названием «атипичная пневмония». Пострадали китайцы, сингапурцы и канадцы. Начавшись в Китае, в провинции Гуандонг, болезнь, пройдя по Азии, перекинулась в Северную Америку и далее по всему миру. Ученым уже тогда было понятно, что атипичная пневмония, вызванная мутировавшим коронавирусом, передавалась от человека к человеку и пошла от летучих мышей.

В 2005 году из Китая пришло заболевание, названное «птичьим гриппом».

В 2009 году в Китае зафиксировано появление нового вируса, названного SFTS, или лихорадка Хэнань. Название пришло от провинций Хэнань и Хубэй где заболевание было обнаружено.

Гомо Сапиенс 2

В 2020 COVID-19 накрыл пандемией большинство стран планеты. Пекин начал отправлять тонны медикаментов и средств для борьбы с вирусом во многие пострадавшие страны. Вскоре эти страны стали возвращать оплаченные «подарки» ввиду их явной неэффективности.

Создаются многочисленные объединения юристов, готовящих обвинительные документы против правительства Китая, обвиняя последний в сокрытии фактов начавшейся эпидемии, и этим приведя к огромным потерям человеческих жизней и экономическим потрясениям во всем мире. Называются различные суммы исков — вплоть до 20 триллионов долларов. Удастся ли Правительству Коммунистического Китая доказать свою невиновность или удастся отделаться менее устрашающими суммами за понесенные потери — мы узнаем только тогда, когда человечество избавится от очередного кошмара, пандемии коронавируса COVID-19.

Коронавирус относиться к семейству вирусов, которые существуют у животных и крайне редко передаются человеку. Симптомы напоминают сезонные респираторные заболевания, напоминающие грипп или простуду. Вирусы постоянно мутируют. От данного вируса нет вакцины или специфического противовирусного лекарственного препарата. Передается воздушно-капельным путем, а также через прикосновение к зараженной поверхности.

Что такое этот вирус?

Мнения ученых противоречивы. Одни говорят что этот вирус-обломки ДНК-РНК является неживым организмом, эдакой про-клеткой, появившейся при создании планеты. Вирусу требуется клетка, где при попадании он оживает и начинает быстро размножаться, поражая другие клетки.

Другие утверждают что данный вирус — живой организм со своим ДНК или РНК, способный мутировать, размножаться и выживать.

Вирусы — старейшие жители нашей планеты и лежат в основе всего живого на нашей Земле, попав к нам из космоса.

Спасение от заболевания при попадании вируса в наш организм — естественный иммунитет, приобретенный в детском возрасте. Не существует универсальной вакцины от всех вирусов. Создание вакцины против данного вируса потребует от полутора года до двух лет. При этом вирус может мутировать. Иммунологи советуют — личная гигиена и осторожность, элементарные меры безопасности. Существует опасность второй волны пандемии осенью и весной следующего года. У современного человека есть возможность предусмотреть меры безопасности и подготовиться к любому сценарию. Благо — опыт, хоть и печальный, человечество приобрело.

Гендиректор ВОЗ Тедрос Адханом Гебрейесус в начале марта 2020 года объявил, что за последние две недели число зараженных коронавирусом за пределами Китая увеличилось в 13 раз, а число стран, в которых обнаружен новый вирус, утроилось. Поэтому, по его словам, вирус COVID-19 может быть охарактеризован как всемирная опасность здоровью населения планеты.

Коронавирус или COVID-19 — это инфекционное заболевание, вызванное новым коронавирусом, который у людей обнаружился впервые. Данный вирус поражает дыхательные пути, с симптомами похожими на заболевание гриппом. Передается воздушно-капельным путем от зараженного данным вирусом человека. Симптомы: кашель, насморк, затрудненное дыхание. Возможно воспаление легких. Профилактика: мытье рук с мылом, ношение маски и минимальные контакты с окружающими.

О заражении этим вирусом многочисленные сообщения появлялись в различных средствах массовой информации. Началось это в Китайском городе Ухань провинции Хубэй в конце декабря 2019 года, когда появилось заболевание, весьма похожее на сезонное обострение гриппа. Но когда стало ясно, что это чрезвычайно заразное заболевание очень быстро передается от человека к человеку, и никаких действенных медицинских препаратов от него нет, власти забили тревогу. Но было уже поздно. Пресловутая глобализация современного мира, прозрачные границы, скоростные средства воздушного передвижения и страсть к путешествиям с невиданной быстротой разнесли практически по всему миру смертельно опасное заболевание, получившее название «коронавирус COVID-19». Достаточно быстро это заболевание распространилось за пределы Китая и вскоре в большинстве стран мира выявили зараженных смертельно опасной инфекцией, против которой не существовало вакцины и проверенных медицинских препаратов.

Весь мир вздрогнул от появления грозного призрака эпидемии со странным названием «коронавирус», который внес свои коррективы во все происходящее в этом мире. Вирус, пришедший из Китая, невероятно быстро распространялся по многим странам. Вслед за Китаем карантин объявили Южная Корея, Италия и частично другие европейские страны. ВОЗ после длительных колебаний, наконец, объявил о грозящей всем опасности, обозначив этот вирус как «COVID-19».

Всемирная организация здравоохранения (ВОЗ) предупредила о скорости распространения нового опасного заболевания. 11.03.2020 г. Гендиректор ВОЗ Тедрос Адханом Гебрейесус объявил: «За последние две недели число зараженных коронавирусом за пределами Китая увеличилось в 13 раз, а число стран, в которых обнаружен новый вирус, утроилось. Поэтому заболевание от COVID-19 может быть охарактеризовано как пандемия».

На данный момент, по информации, которую привел Гебрейесус, число зараженных коронавирусом в мире составляет 118 тысяч человек в 114 странах (по другим данным — более 122 тысяч). Погибли более 4200 человек. Наибольшее число случаев заражения (80 тысяч) зафиксировано в Китае, откуда с декабря 2019 года и начал распространяться опасный коронавирус. Далее следуют Италия (более 10 тысяч), Иран (9 тысяч), Южная Корея (более 7 тысяч), Испания (более 2 тысяч), Германия (1800), Франция (1700) и США (более тысячи).

В истории человечества пандемия объявлялась только два раза. Первый раз — пандемия гриппа в 1918-1920 гг., получившая известность как «испанский грипп» или «испанка». Второй — пандемия гриппа H1N1 2009-2010 гг.

Эта чрезвычайная ситуация парализовала практически весь мир. Одна за другой страны объявляли о временной приостновке действующих правил и закрытии своих границ. Дональд

Гомо Сапиенс 2

Трамп создал специальный штаб по борьбе с угрозой эпидемии во главе с вице-президентом Майклом Пенсом. На 30 дней было остановлено посещение страны европейскими жителями. Все американские граждане, возвращающееся в США, должны были пройти 14 дней добровольного карантина в своих жилищах. Отменены все массовые мероприятия, спортивные соревнования, парады. Высшие учебные заведения перевели на заочное обучение. Закрылись школы, детские сады.

Израиль, как и многие другие страны мира, объявил об обязательном двухнедельном карантине для всех прибывающих в эту страну. ЕС объявил о закрытии всех своих границ. Многие страны члены ЕС восстановили свои границы внутри ЕС.

Страх парализовал жизнедеятельность всего мира. Рынок ценных бумаг рухнул и это падение только нарастало. Экономические потери от подобного мирового краха невозможно даже представить. Нет никакого лекарства или вакцины для остановки распространения этого чрезвычайно агрессивного и опасного заболевания, единственный совет, который дают ученые — исключить общение с внешним миром, настолько, насколько это возможно.

14.03.2020 г. президент Дональд Трамп, в сопровождении членов созданного штаба по борьбе с этим чрезвычайным опасным заболеванием, коронавирусом, выступил со ступеней Белого Дома с обращением к нации. В стране объявлялась Чрезвычайная Ситуация. Трамп пояснил, что введение ЧС в США позволит Федеральному агентству по управлению в чрезвычайных ситуациях направить на борьбу с коронавирусом до $50 миллиардов из фонда помощи при бедствиях.

Был обнародован план немедленных мер по борьбе с возникшей угрозой, грозящей разрушить экономику страны, являющейся лидером свободного мира. Палата представителей большинством голосов план президента утвердила.

Финансовый рынок отреагировал резким подъемом на обращение президента, но вскоре вновь покатился вниз.

Трамп объявил о создании партнерства между частным сектором и правительством для создания условий проведения экспресс-тестов для скорейшего увеличения возможности тестирования населения. Генеральные менеджеры компаний Волмарт, Таргет, СВС и многие другие обязались создать на своих парковочных площадях так называемые «драйв-ап» — палаточные лаборатории для тестирования на заболевание коронавирусом для приезжающих в автомобиле. После забора проб на наличие заражения — каждый возвращается в карантин, ожидая результатов тестирования. Появились приборы для самостоятельного тестирования.

Все штаты страны обязали создавать штабы для борьбы с последствиями заражения коронавирусом и для немедленного увеличения мест для проведения тестирования.

Все госпитали, больницы страны должны немедленно привести в действие чрезвычайные планы помощи заболевшим и увеличить свои койко-места.

Компанией Гугл создан сайт для обращения и информации по возможности тестирования. ФДА (департамент, выдающий лицензии на продукты питания и медицинские препараты) выдал разрешение на проведение тестирования на коронавирус.

Дональд Трамп: — Наша задача остановить распространение этого вируса, невидимого врага.

Он подтвердил свое решение пройти тест на коронавирус. Как будут развиваться дальнейшие события, зависит от ученых и тех, кто найдет средство избавления мира от этой «чумы» 21 века — коронавируса.

Тест президента Дональда Трампа при проверке показал негативный результат. Прошел тест вице-президент Майк Пенс и его супруга. Результат также негативный.

Британия пошла своим путем при объявленной пандемии вируса COVID-19. Предполагалось изолировать людей старше 70 лет, находящихся в зоне наибольшего риска в силу своего возраста, возможно — на длительный срок. Доставка еды и медикаментов до двери. Министр здравоохранения Мэтт Хэнкок предупредил: «борьба с пандемией затронет всех до единого жителей этой страны».

Гомо Сапиенс 2

Британские власти, в отличие от множества стран, охваченных пандемией, объявивших полномасштабные карантинные меры, решили вести более сдержанную политику. Они полагают изолировать пожилых людей, в надежде, что основное население пройдет через «бутылочное горло» заболеваемости коронавирусом. Возможно, что большинство зараженных перенесет это заболевание в легкой форме, и таким образом получит иммунитет против этого заболевания.

Принимая во внимание, что этот новый вид сезонного заболевания, коронавирус, возможно, будет повторяться из года в год, полученный иммунитет явится своеобразной прививкой. План правительства Британии подвергся серьезной критике за отсутствие решительных мер по борьбе с вирусом и неоправданно рискованные решения, которые могут привести к вспышке пандемии в Британии. Последняя объявила введение карантина в стране.

Премьер-министр Борис Джонсон объявил о прохождении теста на наличие инфекции коронавируса. Результат оказался положительным. Премьер-министр Британии оказался в карантине и решил продолжать руководить страной из своей резиденции.

Созданный президентом США Дональдом Трампом штаб по борьбе с пандемией постоянно информировал аккредитованные при Белом Доме средства массовых информации о принятых или готовящихся мерах по борьбе с грозным заболеванием. Казначейство США призвало к прямым выплатам американцам, включая общий план помощи стране пережить экономические последствия обрушившегося бедствия — 1,2 триллиона долларов, поскольку пандемия коронавируса больно ударила по налогоплательщикам и бизнесам. План Казначейства требует одобрения Конгресса. В случае одобрения первый транш помощи в размере 250 миллиардов долларов США может позволить высылать первый набор чеков начиная с 6 апреля 2020 года. Вторая волна набора чеков планируется в середине мая месяца. Планируются миллиардные кредиты авиакомпаниям, малым предприятиям и различным секторам экономики.

Пакет стимулирования экономики США в связи с проблемой

коронавируса увеличился до 2 триллионов долларов. Пакет дважды был отклонен большинством голосов членами Демократической партии, требующими внести множество пунктов, связанных с идеями «нового зеленого плана». Всеобщее осуждение и жесткая позиция Трампа, отказавшегося подписывать любые изменения не относящиеся к плану стимулирования экономики, заставил демократов согласиться с выделением 2 триллионов долларов. План был подписан президентом Трампом и стал законом.

ФДА выдал разрешения на проведение испытаний медикаментозных препаратов на группах добровольцев. Среди этих препаратов используются разрешенные ФДА ранее к применению анти-малярийные, противораковые, против заболевания Эбола и другие медицинские препараты.

Повсеместно проводятся экспресс-тесты на заражение коронавирусом. Китай, откуда началась эпидемия заболевания, быстро переросшая в пандемию, утверждает что пик заболевания в Китае прошел, и принятые меры принесли положительный результат. Вместе с тем на Китай обрушивается критика за сокрытие размеров эпидемии и задержку данных по развитию заболевания. Раздаются голоса, призывающие признать Китайское правительство ответственным за экономические последствия пандемии. Китай в свою очередь предложил ЕС помощь и отправку в ЕС контингента освободившегося медицинского персонала, знакомого с методами лечения при массовом распространении коронавируса.

Отдельные СМИ в США говорят о необходимости изменения в политике глобального перераспределения производства лекарственных препаратов. В Китае производится 95% антибиотиков, поставляющихся в США. Необходимость производить медикаментозные препараты на территории страны — сегодня уже не просто здравый смысл, но вопрос национальной безопасности.

Пандемия коронавируса 2020 года наверняка изменит мир, который мы знаем сегодня. Каждая страна должна решить для себя, какой путь избрать, и какие меры необходимо предпрнять во избежание повторения тотальной угрозы, способной практически обрушить всю экономку и отбросить данную страну на грань исчезновения или тотальной зависимости.

Всеобщий карантин, если он продлится слишком долго, не только разрушит мировую экономику, но принесет голод и разруху, масштабы которой мир еще не видел. Голодные бунты не сдержат ни силовые структуры, ни армии. Обезумевшие от страха и голода огромные массы людей, разрушат все, что человечество создавало веками. Подобные апокалиптические предположения, страшнее самой пандемии с ее многочисленными жертвами.

Дональд Трамп, понимая, чем грозит длительный карантин, выступил с инициативой постепенного перехода к нормальной жизнедеятельности страны. Он озвучил предположительную дату – 12 апреля. Эта дата еще имеет и символический смысл. Этот день отмечают как католическую Пасху-Истер, день Возрождения Иисуса Христа.

Раздались голоса множества противников такого решения, особенно медиков. Они предупреждают, что в случае отмены тотального карантина — возможна повторная вспышка заболевания от вируса COVID-19, еще более опасная, со множеством смертей. Оппоненты, соглашаясь с возможными людскими потерями, говорят о обрушении экономики, грозящей еще более грозными потерями, на неизвестно сколь долгие годы. Президент и Конгресс должны принять судьбоносное решение, которое может повлиять не только на все население США, но и на весь остальной мир. Впервые в истории судьбы мира и самого вида Гомо Сапиенс оказались перед катастрофой подобного масштаба, грозящей вернуть мир в каменный век. Подобный сценарий вероятно проигрывался в планах стратегов ядерной войны.

Позднее, по совету медиков-экспертов, отмена карантинных мер была отложена на конец апреля месяца. Несмотря на то, что выход из карантина отложен до конца апреля 2020, насколько это будет безопасно — никто не знает. Называют различные даты возможного окончания карантина. От оптимистичных (середина июня 2020 года) — до пессимистических (лето 2021 года).

Гомо Сапиенс 2

Предлагаются самые невероятные сценарии спасения человечества от жуткой катастрофы, которая может превзойти последствия известного гриппа, названного самой массовой пандемией за всю историю человечества — «испанкой» (начало XX века). Тогда жертвы от самой войны достигли 20 миллионов человек. Данные о погибших в результате разразившейся пандемии далеко превзошли официальное количество в 50 миллионов человек. В ноябре 1918 года закончилась первая мировая война. Американские солдаты грузились на пароходы и отправлялись домой, в Америку. Они привезли с собой «испанку». От вспыхнувшей эпидемии умирали в основном молодые. Иммунитет, борющийся с заболеванием, вызывал мощную и потенциально опасную реакцию организма, убивающего инфекцию, попутно разрушая весь организм.

Гигантские жертвы и чудовищные разрушения Первой Мировой Войны и пандемии от «испанки» сопровождались экономическим падением, отбросившим человечество по всему миру на десятки лет назад. В первые месяцы 1918 года прошла первая волна вирусного гриппа. Смертность была на уровне обычного сезонного заболевания. Вторая волна заболеваний началась осенью того же года. Третья волна продолжилась весной 1919. Смертность была ужасающей. Некоторые больные умирали на следующий день после заражения. Множество городов закрывалось на карантин, как это было в Средние Века во время чумы, холеры или оспы.

Вместе с тем человечество извлекло уроки от перенесенной пандемии. Была создана международная организация здравоохранения, поначалу как отдел при Лиге Наций, а позже — Всемирная Организация Здравоохранения, для решения подобных проблем. Правительства стран создавали планы спасения населения в случае угрозы аналогичных катастроф планетарного масштаба. Прошло столетие, и казалось, что пандемия подобного масштаба при современном уровне медицины невозможна.

Пройдет время, и тогда начнутся выяснения: кто виноват, как и где это началось. Вопросов множество: Почему мы оказались не готовы к противостоянию пандемии?

Гомо Сапиенс 2

Что это — наказание природы или создание человеческих рук?

Что спасать в первую очередь? Экономику или население?

Кто должен заплатить за потерянные жизни и разрушенную экономику?

Если есть виновный, человек или страна, то как оценить эти потери?

Почему не извлечены уроки из последствий распространения Эболы, СПИДа, гриппа H5NI?

Откуда пришла чума, «черная смерть», унесшая жизни до 50% населения европейских стран в 1346-1354 гг.?

При распространении вируса COVID-19 в группе риска оказалось пожилое население и люди с различными хроническими заболеваниями. Рано или поздно человечество справится с этой пандемией. Понятно, что последствия для мировой экономики от пандемии COVID-19 будут чрезвычайно тяжелыми. Малый и средний бизнесы вряд ли смогут оправиться от таких разрушительных потерь. Никаких триллионов долларов не хватит, чтоб помочь восстановить пострадавшие бизнесы. Кредиты тоже не спасут. Даже если выдадут беспроцентные кредиты. Не вернутся работники, покупатели, туристы, посетители, заказчики. Начинать все с нуля (а скорее — с большого минуса) удастся очень немногим. Многие потеряют сбережения, жилье, профессию, финансовую независимость, обеспеченную старость. Многие потеряют здоровье. Потери близких и дорогих людей не проходят бесследно.

Данные на 1 апреля 2020 года по планете: зараженных — 860 954 человек, погибших — 42 368 человек. (Би-Би-Си).

Экономические последствия тотального карантина по всему миру пока еще не совсем понятные. Ясно одно, они будут не только количественные, выраженные в денежных знаках, но и качественные. Глобализация экономики была очень удобна для стран-участниц, когда производства выведены в страны, где заработная плата гораздо ниже, условия труда несравнимо хуже, а экологические требования зачастую игнорируются.

Гомо Сапиенс 2

Население стран Азии, где сосредоточено большинство производств, на 2020 год составляет более 4,6 миллиарда человек. США и страны Западной Европы, понимая свою зависимость от производства многочисленного ассортимента товаров, явно пересмотрят свои планы и постараются вернуть производство товаров в свои страны, в любом случае — тех товаров, производство которых может сделать страну заложницей производителей. Пандемия ясно показала, что перекошенная глобализация ведет к потере независимости в области определенных товаров и услуг. Это, в первую очередь, медикаментозные препараты, пищевые продукты, оружие, новейшие технологии, электроника, программное обеспечение, связь, технологические новации и многое другое. Потребление товаров, услуг, путешествий, развлечений упадет в разы.

Возможно, придется отказаться от эффективности производства для более справедливого распределения товаров. Это может повлечь частичный отказ от рыночной экономики и передачу под государственное управление производства товаров, относящихся к сфере безопасности страны. В подобном случае есть опасность вмешательства государства в ценообразование товаров. Как следствие — появление коррупционных схем, как это происходит в тоталитарных государствах. Вероятно понадобятся новые механизмы управления, учитывающие и корректирующие подобные явления.

В смешанной экономике правительство участвует частично, в той мере в какой необходимо разумное распределение ресурсов. Рыночная экономика регулируется спросом под воздействием ценового механизма. Отказ от глобализации и ценовая политика внутри каждой страны могут привести к таможенным барьерам и налогам на экспорт-импорт товаров и услуг.

Пережившие COVID-19 будут совсем другими людьми. Свободными и счастливыми — возможно, а вот просто веселыми и беззаботными — вряд ли. Такими могут быть родившиеся уже после этой пандемии.

Какие уроки извлечет человечество, и как это повлияет на жизнь наших потомков — нам не суждено предвидеть. Но остается надежда, которая, как известно, умирает последней.

Гомо Сапиенс 2

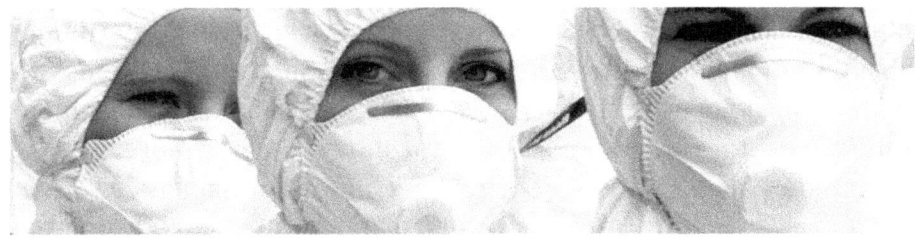

Последствия пандемии коронавируса

Действия президента Дональда Трампа во время тяжелейшей вирусной пандемии, неожиданно свалившейся на мир, одобряют большинство американцев. Согласно проведенным социальным опросам, 61% опрошенных респондентов поддерживает работу президента «в войне с невидимым врагом», по выражению самого президента. Был создан штаб по спасению страны от опасности, сравнимой с гриппом «испанки» 1918 года. Помимо президента и вице-президента в штаб по спасению вошли медики, ученые, военные, отдельные министры. Ежедневные брифинги-отчеты о состоянии страны, проделанной работе и намечающихся мерах происходят в Белом Доме для средств массовой информации. Беспрецедентные меры по реализации всех ресурсов страны брошены на спасение населения страны. Демократы во главе со спикером Палаты представителей Нэнси Пелоси прекрасно понимают, что победа команды Дональда Трампа над невиданной опасностью для человеческих жизней и экономики страны станет автоматическим поражением для Демократической партии. Разумеется, существует возможность объединиться с Республиканской партией и общими силами бороться со столь грозным врагом. Но Демократы приняли другой план. Нэнси Пелоси создала новый комитет с правом вызова повесткой тех, кто может помочь в расследовании поведения администрации президента во время кризиса, вызванного пандемией. В случае обнаружения какого-либо промаха — появится возможность назвать любые решения президентской команды ошибкой, попытаться отстранить законно избранного президента с очередной порцией импичмента.

Демократическая партия, как и сама фальшивая идеология демократических движений, направленных на завоевание места на верхних эшелонах власти, потерпит фиаско. Либеральная демократия, проповедуя фальшивые принципы объединения «униженных и обиженных», устроившись поудобнее в кабинетах власти, получая более чем шикарную зарплату и всяческие блага, принимается за главную миссию своей жизнедеятельности — устройство своих потомков на лакомые должности, где не надо тяжело работать, иметь опыт или хотя бы разбираться в чем-то. Ничего этого не нужно. Родители позаботятся, чтоб их чада получали почет и уважение, оплаченное пребывание в списках коррумпированных компаний по всему миру. В Украине, в России, в Китае, в Арабских странах. Везде, где требуются денежные вливания, щедро финансируемые деньгами американских налогоплательщиков. Принимающая благодарная страна, разумеется, понимает, что без надлежащего уважения к руке дающей — такая рука может и проголосовать против такой неучтивой страны. Комбинация из трех пальцев, а работает безотказно.

«Демократия — наихудшая форма правления, если не считать всех остальных»

Уинстон Черчилль (1874-1965)

Гомо Сапиенс 2

«Демократия — означает правление необразованных...»

Гилберт Честертон, писатель (1874-1936)

«Демократия — наименее интеллектуальная из всех форм правления»

Филодем из Гадары (110-35 до н.э.)

«Трудно сказать, какая форма правления хуже, до того все плохи. А демократическая — хуже всех. Ибо, что такое демократия, как не аристократия негодяев?»

Джордж Гордон Байрон (1788-1824)

«При правлении однородного и доктринерского большинства демократия может оказаться не менее тиранической, чем худшая из диктатур.»

Фридрих фон Хайек (1889-1992)

Экономика после пандемии коронавируса будет разрушена во всех странах мира. Насущная необходимость восстанавливать экономику будет сопровождаться нехваткой продовольствия и других элементарных вещей. Каждая страна должна будет сражаться в одиночку, следить за безопасностью и порядком в стране, отгородившись от других стран непроницаемыми барьерами. Опасность нового заражения заставит не только эффективно закрыть границы и отстранится от глобализации, но и производить впрок медицинские препараты, готовиться к развертыванию тыловых военизированных образований со всем необходимым оборудованием и персоналом.

Гомо Сапиенс 2

Америка — со дня подписания в 1776 году декларации о независимости отцами-основателями и принятия в 1789 году Конституции США — служила всему миру светочем и ярким примером свободы и равенства всех перед законом. Свобода и равноправие всех граждан — неотъемлемая часть провозглашенных прав.

В новой реальности, как и во время войны, управление страной должно перестроиться под вызовы времени. Пресловутые свободы собраний, шествий, митингов, демонстраций, антиправительственных сообществ должны уступить место твердому и разумному временному правлению партии, наиболее подготовленной к рациональному восстановлению потрясенного общества. Демократы, со свойственной им идеологией о помощи всему миру, с демагогической бесплатной государственной поддержкой всех и вся, открытыми границами для всех желающих и прочими фальшивыми лозунгами обязаны сделать свой выбор:

1) Поддержать новое правительство в восстановлении страны

2) Уйти в оппозицию и оставить правительственные структуры

Невиданный по размаху в современном мире неожиданный удар страшной пандемии, созданный человеческой глупостью, поставил мир на грань выживания. Неподготовленные государства в панике бросились в другую крайность, уподобляясь поступкам людей в Темные Века. Как и тогда закрывались городские ворота во времена черной оспы, бубонной чумы или холеры, так и сегодня страны наперегонки стали закрывать границы своих государств. Те, кто смогут выжить внутри замкнутого пространства, надеются приобрести иммунитет против очередной напасти, и благодарное население сможет эволюционировать дальше в туманное будущее.

Гомо Сапиенс 2

Проблема современного мира — не только в прозрачности границ, летающих быстрее звука средствах передвижения, финансовых возможностях путешествовать с комфортом на огромных круизных лайнерах, — проблема заключена в головах современных людей. Никто не готов отказаться от достигнутых великолепных удобств современного мира. Отказаться от путешествий, веселых сборищ по всяческим поводам, ресторанных посиделок или просто домашних гулянок.

Еды и сегодня недостаточно для всех. Но это где-то там, где господствует тирания или дремучая религиозная отсталость. В современном демократическом обществе, где существует разделение ветвей власти и система сдержек и противовесов, существует настоящая свобода. Правда, эта пресловутая свобода давно превратилась в разнузданную демагогическую «правозащитную» анархию, создавшую из политической борьбы фальшивый фарс. Демократическая партия рвется к власти через либеральные средства массовой информации, используя низменные инстинкты истеричных, зависимых, заведомо лживых и подлых, чуждых любой социальной культуре людей. Человечество уже проходило различные формы отрицания регулятивной системы поведения в социуме. Добро и зло поменялись местами. Все, что делает Республиканская партия — плохо, и ведет к разрушению страны и деградации угнетенного общества. И наоборот — все, что говорит и делает партия Демократов, истинная защитница угнетаемого общества, — происходит во благо униженных и угнетаемых.

Все успехи республиканцев за последние три года в политике, экономике, финансах, международной безопасности, энергетике, занятости на рабочих местах, военном превосходстве и уровне жизни населения страны — либо просто замалчивается, либо утверждается, что все это — заслуги прежней, Обамовской, администрации. Все поступки Республиканской администрации и президента искажаются и ошельмовываются в либеральных средствах массовой информации. Лидеры Демократической партии затаились, поджидая и надеясь, что правящая партия совершит ошибку. Тогда можно вопить на всех перекрестках: «Мы предупреждали, мы говорили!!! Ату его, ату!!! Импичь, импичь, импичь! Только Демократическая партия выражает истинные надежды народа!»

Страна должна сделать свой выбор — кому доверить управление в столь кризисной ситуации.

Неожиданно сенатор-социалист Берни Сандерс отказался от борьбы за номинацию кандидата от Демократической партии в борьбе за кресло президента страны. Джо Байден остался единственным кандидатом, противостоящим действующему президенту Дональду Трампу на предстоящих в ноябре выборах. Пока Джо Байден соблюдает закрытый режим, изредка давая интервью в социальных сетях. Берни Сандерс набрал множество сторонников своими социалистическими призывами: «Все бесплатно! Для всех и сейчас!». Понятно, что Джо Байден должен считаться с таким количеством избирателей.

Мир изменится, осознавая необходимость освобождения от иллюзий глобализма — для создания нового уровня независимости. Страны обязаны стать полностью независимыми в произведении продовольствия. В собственном развитом медицинском обслуживании, в производстве медикаментов и оборудования. Это позволит добиться независимости от привычных болезней и грядущих заразных инфекций. Нельзя потенциальному противнику или государству, идеология которого базируется на совершенно противоположных принципах, отдать производство снаряжения или оружия для обороны собственной страны.

Пандемия COVID-19 явно изменит мир, если не навсегда, то вероятно надолго. Принципиальную роль в этот момент должен сыграть коллективный разум. Чувство самосохранения обязано подсказать — кому можно доверять в такой критической ситуации. Разумеется, это не просто пустые слова. Все, что сделала Республиканская партия в этой, более чем критической, ситуации — должно пропагандироваться как можно шире. Борьба идет не за сегодня, а за завтра. За будущее наших детей.

Президент Дональд Трамп объявил о создании нового штаба по выходу из карантина и спасению экономики страны. Постепенный вывод страны из карантина намечен на начало мая 2020г.

Человечество не извлекло уроков из кровавых потрясений Французской и Российской революций, чудовищных последствий первой и второй мировых войн. Современная война против вирусной атаки показала, что подобная опасность может поставить человечество на грань выживания в очень сжатые сроки.

Апрель, 2020

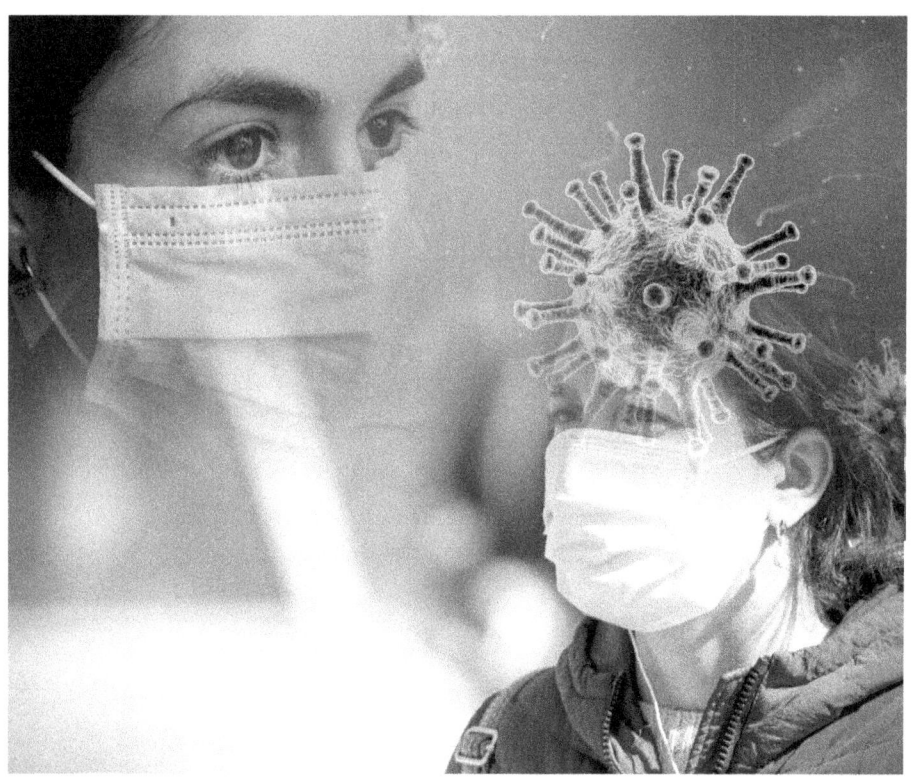

Шимон Гарбер

Гомо Сапиенс

Суеверие;
Вера;
Религия;
Политика;
Сборник эссе.

Книга первая и книга вторая